KB192617

십자가에서 만난
예수 그리스도

예수님의 마지막 일곱 말씀
그 안에서 나의 십자가를 보다

십자가에서 만난
예수 그리스도

유기성 지음

도서출판
위드지저스

십자가에서 예수님을 만나고,
내가 져야할 십자가를 보다

저는 어려서부터 예수님을 만나고 싶었습니다. 꿈속에서라도 주님이 나타나 주셨으면 하는 갈망이 있었습니다. 그렇게 갈망만 가지고 있었는데, 말씀을 통해 예수님께서 제 마음에 거하심을 깨닫고 너무나 놀랐습니다.

사도 바울은 고린도후서 13장 5절에서 '예수님이 마음에 거하시는 것을 스스로 알지 못하느냐?'라고 말씀하면서 예수님이 마음에 거하시는 것을 알지 못한다면 버림받은 자라고 했습니다.

이제는 감사하게도 예수님이 제 마음에 거하시는 것을 아는 눈이 뜨였습니다. 성경 말씀을 통해 주님이 거하지 않으시면 일어날 수 없는 일들이 제 마음에 일어나고 있음을 알게 된 것입니다.

그런데 주님이 마음에 거하시는 것을 알게 되니까, 주님이 어떤 분인지 더 알고 싶었습니다. 그래서 간절히 기도했습니다.

"주님, 더 알고 싶습니다."

그런 갈망을 가지고 기도하던 중에 십자가에서 예수님을 만났습니다. 바로 '십자가에서 하신 예수님의 일곱 마디 말씀'을 통해서였습니다. 그래서 이 가상칠언(架上七言)을 언젠가는 꼭 강해하고 싶었습니다.

2018년 고난주간 '십자가 부흥회'를 열게 되었을 때, 이 일곱 마디 말씀을 한 말씀씩 풀어 전하고 싶어졌습니다. 그래서 설교를 준비하고 말씀을 전하면서 먼저 제 자신이 십자가에서 예수님을 만나는 놀라운 은혜가 있었습니다. 그 후 고난주간이 다가올 때마다 그해의 십자가 부흥회가 생각이 났습니다.

올해 초, 우연히 지나간 '십자가 부흥회' 원고를 꺼내어 읽다가 책으로 출간해 많은 분과 나누면 좋겠다는 생각이 들었습니다.

로마의 철학자 키케로(Cicero)는 십자가를 '가장 잔인하고 무서운 죽음'이라고 표현했습니다. 실제로 로마법은 십자가 처형의 조건을 아주 까다롭게 정해놓았습니다. 아무나 십자가에 못 박아 죽이지 못하도록 극도로 제한해 놓았던 것입니다. 그 정도로 십자가형이 끔찍했습니다. 그래서 로마 시민은 무슨 죄를 지어도 십자가형만은 받지 않았습니다.

그 십자가에 예수님이 달리셨습니다.

사람이 극한 고통에 처해지면 고통을 느끼는 것 외에는 아무 생각도 할 수 없다고 합니다. 예수님께서 십자가에 달리신 그 고통은 우리가 도저히 상상할 수 없는 최악의 고통이었을 것입니다.

예수님이 십자가에 달리셨을 때 '어떤 심정이었을까' 하는 궁금함이 생겼습니다. 주님의 십자가에 감정이입을 해서라도 그때 그 느낌, 주님의 생각과 상태를 알고 싶었습니다.

그런데 예수님의 양쪽 손목에 대못이 박히는 것을 묵상하다가 그만 벌떡 일어나버렸습니다. 깜짝 놀라 묵상을 중단해야 했습니다. 그것은 상상을 하는 것조차 끔찍한 일이었습니다. 한동안 안정이 안 될 정도로 가슴이 뛰었습니다.

예수님이 지신 십자가는 정말 끔찍하고 무서운 것이었습니다.

그 고통의 극점에서 예수님이 일곱 마디 말씀을 하셨습니다. 비명이었을까요? 신음이었을까요?

그 고통의 십자가에서 예수 그리스도께서 하신 일곱 마디 말씀에서 저는 예수 그리스도를 만날 수 있었습니다. 그리고 예수님이 누구신지 너무나 분명히 알 수 있었습니다.

이것은 저에게만 일어난 특별한 일이 아닙니다. 예수님을 인격적으로 만나기를 원한다면 누구나 십자가 앞으로 나아가면 됩니다. 예수님은 그 십자가에서 우리를 만나주십니다.

예수님을 알고 만나고 나니 내가 져야할 십자가가 깨달아졌습니다.

주님께서는 "누구든지 나를 따라오려거든 자기를 부인하고 자기 십자가를 지고 나를 따를 것이니라"(마태복음 16:24)고 말씀하셨습니다. 이 말씀은 곧 우리는 모두 자기 십자가를 지고 주님을 따르는 자가 되어야 한다는 말씀입니다.

그런데 참 안타깝게도 성도들은 '자기 십자가'가 무엇인지 명확하게 모릅니다. 자기 십자가를 모르는데 어떻게 자기 십자가를 지고 주님을 따를 수 있겠습니까?

우리가 져야 할 십자가가 무엇인지 알기 위해서는 예수님이 지신 십자가를 먼저 알아야 합니다. 예수님의 십자가가 곧 나의 십자가를 보여주기 때문입니다.

예수님께서 십자가에서 하신 일곱 마디 말씀을 한마디씩

깊이 묵상하며 예수 그리스도를 더욱 깊이 만나게 되길 간절히 바랍니다. 그리고 자신이 져야 할 십자가가 무엇인지 구체적으로 깨닫게 되길 축복합니다.

더 깊은 묵상을 돕기 위해 각 장 뒤에는 두 종류의 묵상 질문을 넣었습니다.

'십자가 대면하기'는 십자가에서 하신 예수님의 말씀을 통하여 예수 그리스도를 인격적으로 만나도록 돕는 질문입니다. 스스로에게 질문하며 답을 찾는 과정을 통해 예수 그리스도를 바라보고 십자가의 은혜를 누리기 바랍니다.

'십자가 지기'는 나의 십자가가 무엇인지 고민하고 실천하도록 돕는 질문입니다. 이 질문들에 답하며, 나의 십자가를 지고 주님을 따를 때 오는 기쁨으로 충만하길 바랍니다.

유기성 목사

차 례

가상칠언 1

"아버지 저들을 사하여 주옵소서
자기들이 하는 것을 알지 못함이니이다"

용서하시는
예수 그리스도

가상칠언 1

아버지 저들을 사하여 주옵소서
자기들이 하는 것을 알지 못함이니이다
(누가복음 23:34)

예수님께서 십자가에 달리셨을 때, 유대인들은 구경했고 관원들은 비웃었으며 군인들은 희롱했고 옆에 같이 매달린 죄수 중 한 사람은 비방했습니다. 십자가 밑에서 로마 군인들은 예수님이 걸치셨던 옷을 더 많이 차지하려고 제비를 뽑았습니다. 그런 상황 속에서 예수님은 이렇게 기도했습니다.

아버지 저들을 사하여 주옵소서
자기들이 하는 것을 알지 못함이니이다

예수님께서 이렇게 기도하심으로, 산상수훈을 통해 "너희 원수를 사랑하고 너희를 박해하는 자를 위해서 기도하라"(마태복음 5:44)고 가르치셨던 것을 친히 실천하셨습니다.

예수님께서는 자기를 십자가에 못 박는 이들을 용서하셨을 뿐 아니라, 그들을 위하여 변호하셨습니다. 그들이 "자기 죄를 모르니까 용서해야 한다"는 것입니다.

실제로 예수님을 십자가에 못 박는 이들은 자신들이 무슨 짓을 하는지 전혀 알지 못했습니다. 하나님의 아들을 십자가에 못 박는 줄 그들이 정말 알았다면 그렇게 했을 리 없습니다. 그러나 모르고 지었다고 해서 죄가 아닌 것은 아닙니다. 오히려 죄를 지었음에도 죄인 줄 모르는 것이 더 무섭고 두려운 일입니다.

유대인들은 예수님을 십자가에 못 박기 위해 빌라도에게 데리고 갔습니다. 빌라도가 심문을 해봤지만 십자가에 못 박아 죽일만한 죄를 찾을 수 없었습니다. 그런데 계속 유대인들은 십자가에 못 박아 죽이라고 합니다. 예수님을 재판했던 빌라도는 그들 앞에서 물을 가져다가 손을 씻었습니다. '나는 이 일에 아무 책임이 없다'는 뜻입니다. 자신은 이 일에 대해서 이제 죄가 없다는 것입니다. 그리고 유대인들에게 '죗값을 너희가 당하라'고 말합니다. 그 말에 그들은 이렇게 대답하며 외쳤습니다.

그 피를 우리와 우리 자손에게 돌릴지어다(마태복음 27:25)

정말 몰라서 한 말일 것입니다. 안다면 어떻게 이런 말을 할 수 있겠습니까? 하나님의 아들을 십자가에 못 박아 피 흘려 죽게 한 그 죗값을 자기와 자기 자손들에게 돌리라는 말을 어떻게 할 수 있습니까? 정말 모르니까 그 끔찍한 죄를 저지른 것입니다.

사람들은 너무 쉽게 어떻게 죄를 안 짓고 살 수 있냐고 말합니다. 죄가 얼마나 무서운지 몰라서 하는 말입니다.

조나단 에드워드(Jonathan Edwards)는 "저 사람들에게 만약 지옥을 단 1분만 보여준다면 세상에 죄지을 사람은 없다"고 말했습니다.

죄의 결과가 무엇인지 알지 못하니까 죄를 안 짓고 살 수 없다며 죄에게 마음을 열어놓고 있는 것입니다.

어느 모임에서 '음란물이 사라지도록 기도하자'고 했더니 '그러면 무슨 재미로 사냐고' 하는 사람을 보고 깜짝 놀랐습니다. 무엇이 죄인지, 그 결과가 얼마나 무서운지 그 실체를 알지 못하는 사람이 믿는 이들 중에도 있다는 사실이 너무나 충격적이었습니다.

예수님 시대의 유대인들이 하나님의 아들을 십자가에 못 박는 것이 얼마나 무서운 죄인지, 못 박는 분이 하나님의 아들인지 몰랐다고 하더라도 그 지은 죄가 어찌 작다고 말할 수 있겠습니까? 그 죗값을 어떻게 피할 수 있겠습니까?

그런데 한사코 예수님은 하나님께 매달렸습니다. 예수님의 손과 발에 대못이 박혀있는 상황입니다. 그 상황 가운데서도 저들이 '모르고 지은 죄니 용서해 달라'고 하나님께 기도하고 있는 것입니다. 십자가에 못 박혀 극심한 고통을 당하는 바로 그 순간에 말입니다.

이 기도가 응답받았을까요? 응답받지 못했을까요? 놀랍게도 응답되었습니다.

예수님이 십자가에 달려 돌아가신 지 50일 후, 오순절 마가다락방에 성령이 임했습니다. 시몬 베드로가 예루살렘 거리에서 "예수 그리스도, 너희가 죽인 그분이 다시 죽음에서 부활하셔서 우리의 메시아가 되었다"라고 증거할 때, 수많은 사람이 이구동성으로 "우리가 어찌 할꼬?"라며 그 말씀 앞에서 탄식했습니다. 베드로가 "너희가 회개하고 죄 사함을 받으라"고 예수 그리스도를 전할 때 하루에 삼천 명이나 주님 앞에 돌아왔습니다.

어떻게 이런 일이 일어날 수 있습니까? 주님께서 십자가에서 기도하셔서 이런 역사가 일어났습니다. "저들의 죄를 사하여 달라고" 기도하셨기 때문입니다.

어떤 사람은 이 일로 인해 유대인들이 벌을 받아 40년 후, 예루살렘이 철저히 망해 없어졌다고도 말하고, 히틀러 때 600만의 유대인들이 가스실에서 죽었다고 해석하기도 합니다. 절대 그렇지 않습니다. 유대인들은 이미 용서받았습니다. 예수님께서 십자가에서 분명히 "저들은 알지 못해서 그런 것이니 아버지 저들을 사하여 달라"고 기도하셨고, 하나님은 용서하셨습니다. 유대인들이 학살당한 것은 결코 하나님께서 예수님을 십자가에 못 박은 죄로 인해 유대인에게 벌주신 것이 아닙니다. 전적으로 사탄의 역사입니다.

유대인만 예수님을 십자가에 못 박은 것은 아닙니다. 사실은 우리 모두가 예수님을 십자가에 못 박은 자입니다. 예수님께서 우리 죄 때문에 십자가에 못 박혀 죽으셨기 때문입니다.

만약 예수님을 십자가에 못 박은 죄를 하나님께서 벌하신다면, 예수님의 십자가는 모든 사람을 구원하는 십자가가 될 수는 없을 것입니다. 우리도 구원받을 가능성이 전혀 없게 될 것입니다.

자신을 십자가에 못 박는 자들을 위하여 "아버지여 저들을 사하여 주옵소서" 하신 예수님의 이 기도는 현장에 있었던 유대인들과 관원들만을 위한 기도가 아닙니다. 예수님은 자신을 세 번씩이나 부인한 베드로를 위해서도 이 용서의 기도를 하셨습니다. 스데반을 돌로 쳐 죽인 사울을 위해서도 이 용서의 기도를 하셨습니다.

이 기도는 또한 우리를 위해서 하신 기도입니다. 우리는 죄 사함을 받았고 구원을 받았습니다. 예수님 안에서 날마다 새날을 살 수 있는 은혜를 받았습니다.

탁월한 기독교 변증가인 미국의 라비 재커라이어스(Ravi Zacharias) 목사가 용서에 관한 설교 중, 어느 초등학교 교사가 쓴 감동적인 시 한편을 소개했습니다.

수업이 끝났다. 그 아이는 떨리는 입술로 내 책상 앞에 왔다.
"선생님. 새 종이가 있나요? 이번 건 망쳤어요."
나는 온통 얼룩진 종이를 받고 깨끗한 새 종이를 주었다.
그리고 그 아이의 지친 마음을 향해 속삭였다.
"얘야, 이번엔 더 잘해 보렴."

하루가 끝났다. 나는 떨리는 마음으로 보좌 앞에 나아갔다.
"주님, 새날이 있나요? 오늘은 망쳤어요."
주님은 온통 얼룩진 내 날을 받고 깨끗한 새날을 주셨다.
그리고 나의 지친 마음을 향해 속삭이셨다.
"얘야, 이번엔 더 잘해 보렴."

여러분의 매일의 삶은 어떻습니까? 잘 살고 싶었고, 똑바로 살고 싶었는데 또 망쳤습니까? 또 구겨졌습니까? 그럼에도 불구하고 우리가 주님 앞에 어떻게 또 나올 수 있었습니까? 주님께서 '저가 하는 일을 저가 모르고 하는 것이니 저들을 사하여 달라'고 하나님께 구하셨기 때문입니다. 그 용서의 은혜로 우리가 주님 앞에 다시 나올 수 있었습니다.

우리에게 주님은 새날을 주셨습니다. 어제같이 살지 말고 다시 살아보라고 말씀하십니다. 나와 함께 거룩하고 경건하게 동행하며 살자고 말씀하십니다. 그렇게 새날을 허락받았습니다. 이 은혜를 십자가에서 우리 모두가 받았습니다.

새 삶의 소망이 주어지는 것은 전적으로 예수님께서 십자가에서 "아버지여! 저들을 사하여 주옵소서"라고 하신 기도 때문임을 기억해야 합니다.

그렇다면 우리가 져야 할 십자가는 무엇입니까? 용서의 십자가입니다.

예수님의 제자 스데반이 예수님의 부활을 전하다가 돌에 맞아 순교할 때, 예수님과 똑같은 기도를 하였습니다.

"하나님이여 저들의 죄를 사하여 주시옵소서."

이것이 스데반이 진 십자가였습니다. 그 십자가로 인해 그 자리에서 있던 사울이 예수님을 만났고, 사도 바울로 세워진 것입니다.

그 사도 바울은 자신을 말할 수 없이 핍박하던 동족 유대인을 위해서라면 자기가 대신 저주를 받아 지옥에 가겠다고 고백했습니다.

나의 형제 곧 골육의 친척을 위하여 내 자신이 저주를 받아 그리스도에게서 끊어질지라도 원하는 바로라(로마서 9:3)

이것이 사도 바울이 진 십자가였습니다.

십자가의 용서를 받았다면 우리도 이렇게 기도하면서 살아야 합니다.

"아버지여 나를 미워하는 사람의 죄를 사하여 주옵소서. 나에게 상처와 손해를 끼친 사람의 죄를 사하여 주옵소서."

용서하지 못하는 마음이 정말 무섭습니다. 미워하는 마음이 가득한 사람에게는 아름다운 바다도 아름다운 산도 전혀 아름답지 않습니다. 그 사람이 하는 옳은 말조차도 부정하고 싶어집니다. 감정도 판단력도 모두 무너집니다. 용서가 안 되면 피곤해도 잠을 잘 수 없습니다. 맛있는 음식을 먹어도 입맛이 없습니다. 용서하지 못하는 것만큼 세상에서 못할 일 은 없습니다.

"하나님 저에게 돈과 건강이 필요합니다."

하나님께서 말씀하십니다.

"아니다. 네게는 용서가 필요하다. 용서는 네게 치료하는 능력이 되어줄 것이다."

"하나님 저에게 친구가 필요합니다."

"아니다. 진정 너에게 필요한 것은 현재 있는 친구를 용서 하는 것이다. 그 친구에게 용서를 구해라."

우리가 용서할 때 비로소 우리가 정말 용서받은 사람임을 알게 됩니다. 우리가 용서 없이 교회를 섬기고 전도하는 것 은 다 헛된 일입니다. 예수님과 아무 상관없이 하는 것이기 때문입니다. 하나님께서 우리를 용서하시고 우리에게 용서의 십자가를 지라고 하신 것은 우리를 구원하기 위함입니다. 용서의 십자가를 질 때 우리가 살고 온전한 구원을 누리게 됩니다.

영화 〈언브로큰〉의 주인공 루이 잠페리니(Louis Zamperini) 의 이야기입니다.

그는 미국 육상 대표선수였는데 제2차 세계대전 때 조종사로 참전하게 되었습니다. 전쟁 중에 태평양에 비행기가 추락해 47일 동안 표류하다가 일본군 포로가 되었습니다. 일본이 항복할 때까지 포로수용소에서 잔혹한 구타와 고문, 모욕과 살해 협박을 받으며 지냈습니다.

종전과 함께 생환한 잠페리니는 영웅이 되었지만 그의 마음은 상처와 증오로 들끓었습니다. 그는 날마다 그를 고문한 '새(Bird)'라는 별명을 가진 간수의 악몽에 시달렸고 결국 알코올 중독자가 되었습니다. 그 영향은 고스란히 가족에게 전해졌습니다. 그는 아내를 학대했고 어린 딸을 돌보지 않았습니다.

그에게는 전쟁포로의 끔찍했던 기억을 떨쳐버리고 정상적인 삶을 영위해 나갈 힘이 없었습니다. 자신의 죄를 용서받은 적이 없었기에 자신을 학대한 일본인 간수들을 용서할 수 없었습니다.

그 절망적인 상황 속에서 어느 날, 빌리 그레이엄 전도대회에 참석하게 되었습니다. 그곳에서 성령의 역사로 그리스도를 믿게 되었고 자신의 죄를 자백하고 용서를 경험했습니다. 과거의 악몽에서도 해방되었습니다.

그는 "용서는 인생에서 가장 힘든 일이지만 그 용서가 바로 치유다. 진짜 치유는 용서다"라고 말했습니다.

그는 1950년, 일본 선교 팀의 일원으로 일본 땅에 복음을 들고 가게 됩니다. 잠페리니는 자신을 악랄하게 짐승처럼 취급했던 간수들을 만났을 때, 달려가서 그들을 끌어안고 용서한다고 말했습니다. 그리고 예수님의 기쁜 소식을 나누었습니다. 처음에는 간수들 대부분이 그를 피했습니다. 그의 용서를 이해할 수 없었기 때문입니다. 그러나 그가 전하는 복음을 듣고 한 명을 제외하고 모두가 예수님을 믿게 되었습니다.

단 한 사람 '새'란 별명으로 통하던 와타나베라는 사람은 잠페리니 앞에 나타나지 않았습니다. 잠페리니는 그에게 편지를 남겼습니다. 그 편지에 자신의 삶을 그리스도께 바쳤음을 설명하고 "당신을 향한 나의 증오가 사랑으로 바뀌었습니다"라고 쓴 뒤 "당신도 그리스도인이 되기를 바랍니다"라고 덧붙였습니다.

그와 함께 할리우드 장로교회에서 신앙생활을 했던 마크 로버츠(Mark Roberts)는 이렇게 증언했습니다.

"루이 잠페리니는 내가 알았던 가장 행복한 사람입니다. 볼 때마다 루이는 열정으로 튀었습니다. …말 그대로 몸이 톡톡 뛸 때도 많았습니다. …그는 스케이트보드를 타고 교회 안을 휙휙 휘젓고 다니기를 좋아했습니다. 그래서 과격한 사나이라는 말도 많이 들었습니다. 하지만 그의 그런 행동은 그만큼 주체할 수 없는 기쁨이 넘쳐났기 때문입니다."

어떻게 이런 일이 가능합니까? 완전히 폐인이 될 정도로 망가졌던 사람이 주체할 수 없을 만큼 기쁨의 사람이 된 것은 바로 용서의 은혜, 용서의 십자가를 졌기 때문입니다.

사람들은 좋은 사람을 만나기를 좋아합니다. 선한 사람을 만나기를 좋아합니다. 아름다운 사람을 만나기를 좋아합니다. 착한 사람을 좋아하고 만나고 싶어 합니다. 죄지은 사람을 만나는 것은 싫어하고 정죄하고 외면하고 멀리합니다. 그러나 예수님은 달랐습니다. 예수님의 이름이 "자기 백성을 그들의 죄에서 구원할 자"(마태복음 1:21)입니다. 예수님이 우리가 어떤 사람일 때 처음 만나주셨는지 기억하십니까?

예수님은 우리가 아직 죄인 되었을 때, 우리를 처음 만나주셨습니다. 우리가 그분을 무시하고 거부하고 싫어하고 적극적으로 반대하는 그분의 원수였을 때, 주님은 오히려 사랑으로 우리를 대신해 죽으셨습니다. 그래서 주님과 동행하는 관계가 시작된 것입니다. 그런 우리가 다른 사람의 좋은 것과 선한 것과 아름다운 것만 좋아하고 그 사람의 죄를 비난

하고 정죄하고 외면한다면 말이 됩니까? 그 사람의 죄를 용서할 때 비로소 진정한 관계가 시작이 됩니다.

이 사실을 알 때 다른 사람의 죄를 보는 눈이 바뀌게 됩니다. 다른 사람의 죄가 그를 만나는 자리임을 알게 됩니다. 더 이상 외면하고 정죄하고 판단하지 않고 기도하게 됩니다.

아버지 저들을 사하여 주옵소서
자기들이 하는 것을 알지 못함이니이다

이 기도가 우리를 살립니다. 그렇지 않으면 죽습니다. 용서가 저절로 되는 것이라면 '십자가를 져야 한다'고 표현할 이유가 없습니다. 용서하지 않고 신앙생활 한다든지, 용서하지 않고 봉사한다든지, 용서하지 않고 전도한다든지 용서 없이 하는 모든 것은 주님과 아무 상관이 없는 것입니다. 우리가 져야 할 십자가를 외면하면 우리는 스스로가 무너지고 맙니다. 자기 십자가를 지는 마음으로 용서하고 기도해야 합니다.

독일 히틀러의 잔혹한 독재정치에 가장 먼저 대항한 사람은 마르틴 니묄러(Martin Niemöller) 목사님이셨습니다. 그는 히틀러에 항거한 죄로 1937년 다차우 감옥에 투옥되어 7년 동안 독방에서 수인생활을 했습니다. 그가 갇혀있던 방에는 조그마한 창문이 하나 있었는데, 유일하게 바깥을 내다볼 수 있는 곳이었습니다. 하지만 그 창을 통해 볼 수 있는 밖의 풍경은 죄인의 목을 매는 밧줄과 교수대가 전부였습니다.

실제로 어떤 날에는 죄인이 교수대에 매달려 있는 모습이 보입니다. 얼마나 끔찍했겠습니까? 얼마나 두려웠겠습니까? 죽음에 대한 두려움이 니묄러 목사님의 온몸을 휘감았습니다. 그는 차가운 마룻바닥에서 자다가 꿈속에서 가끔 자기의 죽는 모습을 보고는 소스라쳐 놀라 깨어나기도 했습니다.

하루는 독방에서 창밖의 교수대를 바라보면서 '만약 내가 저 교수대에서 마지막 숨을 거둔다면 나는 무엇이라고 말할 수 있을까?'를 생각하면서 자신의 죽음을 준비하게 되었다고 합니다. '예수님은 자신을 죽이려는 살인자를 저주하지 않고 그들을 위해 기도하셨다. 나도 예수님처럼 죽어 예수님과 같이 천국에 살아야지'라는 결단을 하게 되었고, 자신을 심문하고 고문하고 죽이려는 이들을 위하여 기도하였습니다. 자기가 져야 할 십자가를 진 것입니다. 그 후부터 마음에 있던 두려움이 사라지고 놀라운 평안이 찾아왔다고 합니다. 성령께서 그와 함께하신 것입니다. 고통이 기쁨으로 변하면서 새로운 신앙의 경지에 이른 것입니다. 시험을 이기신 예수님께 천사가 수종을 들었던 것처럼 마치 천사가 곁에서 자기를 도와주는 것 같은 느낌이었다고 합니다. 두려움이 사라지자 독방은 이제 주님과 속삭이는 나만의 공간이 되었습니다.

후에 니묄러 목사님은 석방되었을 때의 느낌을 깊은 산속이나 수도원에서 수도를 하고 세상으로 돌아온 것 같다고 표현했습니다.

우리가 용서의 십자가를 져야 할 사람은 의외로 아주 가까운 곳에 있는 사람들입니다.

예수님의 가상칠언 첫 번째 말씀을 묵상하면서 저는 제

자신에게 두 가지를 질문하게 되었습니다.

첫 번째, '나는 정말 하나님으로부터 용서받은 사람인가?'를 질문했습니다. 저는 바로 '아멘'이라고 대답할 수 있었습니다. 망설일 이유가 없었습니다.

그런데 두 번째, '내게 상처를 주었던 사람을 다 용서했는가?'를 질문했을 때는 선뜻 그렇다고 말할 수 없었습니다. 지난 세월을 돌이켜 한 분 한 분 생각해보니 거의 다 용서했습니다. 그런데 순간 참으로 의외의 사람이 생각났습니다. 초등학교 1학년 때의 담임 선생님이었습니다. 제가 초등학교를 다니던 시절에는 매달 수업료와 같은 개념으로 '월사금'이란 돈을 학교에 냈었습니다. 하지만 집안 형편상 월사금을 내지 못하고 있었습니다. 초등학교 1학년 어느 날, 선생님이 월사금을 가져 오지 않았다는 이유로 긴 자를 들어 제 머리를 여러 번 때렸던 기억이 있습니다. 그런데 그 기억이 불현듯 떠오른 것입니다. 깜짝 놀랐습니다. 선생님 앞에 나가 긴 자로 머리를 맞았던 순간의 두려움과 고통, 슬픔이 고스란히 다시 느껴졌습니다. 그래서 주님께 기도했습니다. "주님 그 선생님이 내 형편과 처지를 몰라서 그러셨을 테니 용서해주옵소서"하며 울었습니다. 그러면서 제 마음에 풀어짐이 있었습니다.

남편이나 아내 때문에 고통 받고 있습니까? 이 기도를 드리십시오.

"아버지 저들을 사하여 주옵소서. 자기들이 하는 것을 알지 못함이니이다."

자녀들을 위해 눈물로 탄식하고 있습니까? 이 기도를 드리십시오.

"아버지 저들을 사하여 주옵소서. 자기들이 하는 것을 알지 못함이니이다."

나에게 상처를 주고, 정말 힘들게 하는 사람을 미워하면서 갇혀있던 그 미움의 감옥에서 이제 벗어나기 바랍니다. 용서의 기도를 할 때, 용서의 십자가를 질 때 비로소 우리는 그 미움의 감옥이 허물어지는 것을 경험하게 됩니다. 저주

같은 마음의 굴레가 벗겨지는 것을 느끼게 됩니다. 만나기 싫던 사람도 만나게 되고 듣기 싫던 이의 목소리도 들을 수 있게 됩니다.

이 용서의 기도 "아버지 저들을 사하여 주옵소서. 자기들이 하는 것을 알지 못함이니이다"는 가장 강력한 기도이고, 위대한 기도입니다. 가장 놀라운 응답의 기도입니다. 이 기도보다 확실하게 하나님의 뜻을 성취하는 기도가 없습니다. 이 기도를 드릴 때 진짜 구원받는 자의 평안, 기쁨, 감사, 사랑, 위로가 솟구쳐 나오게 됩니다. 우리에게 다른 길은 없습니다.

설교영상 "용서의 십자가"
youtu.be/AFsD6mq_lxk

† 십자가 대면하기

1. 내가 알고도 지은 죄는 무엇인가? 모르고 지은 죄는 무엇인가? 나는
   그 모든 죄에서 용서함을 받았나?

2. 나는 용서의 은혜로 오늘이 어제와 다른 새로운 날임을 믿고 있는가?

† 십자가 지기

1. 나는 나에게 상처 주었던 사람을 다 용서했는가? 오늘 내가 용서해
   야 할 사람은 누구인가?

2. 누군가를 용서할 수 없다면, 나는 미움의 감옥에 계속 머무는 것을
   선택한 것이나 마찬가지다. 내가 이 미움의 감옥에 계속 머물고 싶은
   이유는 무엇인가? 내가 지금 믿음으로 붙들어야 하는 예수님의 말씀
   은 무엇인가?

"내가 진실로 네게 이르노니
오늘 네가 나와 함께 낙원에 있으리라"

구원의
예수 그리스도

가상칠언 2

내가 진실로 네게 이르노니
오늘 네가 나와 함께 낙원에 있으리라

(누가복음 23:43)

주님께서 십자가상에서 하신 두 번째 말씀은 예수님과 함께 십자가에 매달린 두 죄수 중 하나가 "예수여 당신의 나라에 임하실 때에 나를 기억하소서"(누가복음 23:42)라고 요청했을 때, "내가 진실로 네게 이르노니 오늘 네가 나와 함께 낙원에 있으리라"(누가복음 23:43)고 하신 말씀이었습니다.

　이 말씀은 매우 중요합니다. 그러나 많은 그리스도인이 이 이야기를 십자가에서 한 죄수가 구원받은 특별한 사건 정도로 알고 있습니다.

　심지어 어떤 사람들은 '도무지 선한 일이라고는 하나도 하지 않은 죄수가 어떻게 구원받을 수 있습니까? 세례도 받지 않았고, 성만찬도 받지 않았으며 선한 일은커녕 마지막까지 얼마나 악독한 죄를 지었으면 십자가에 못 박혔겠습니까? 그가 마지막 순간에 구원을 받았다는 것이 합리적입니까? 이래도 됩니까? 윤리적인 책임을 무시하는 것은 아닙니까?' 하면서 논쟁거리로 삼습니다.

하지만 이 대화는 매우 극한 육체적 고통의 상황에서 이루어진 것임을 기억해야 합니다. 이 죄수에게는 십자가의 고통보다 더한 두려움이 있었습니다. 죽음 이후에 대한 두려움이었습니다. 그가 극한 고통 속에서 자신의 구원 문제를 주님께 구했던 것은 십자가의 고통보다 구원의 문제가 더 시급했기 때문입니다. 십자가에서 죽는 것보다 더 무서운 것이 무엇입니까? 지옥에 가는 것입니다. 지옥에 가면 영원히 돌이킬 수 없습니다. 기회도 없습니다. 그래서 그가 그 극한 고통 중에서도 자신의 영혼 구원을 요청한 것입니다. 그는 구원에 대한 눈이 뜨인 사람이었습니다.

이 구원의 문제가 주님께도 그렇게 중요했을까요? 지금 자신이 죽게 되었는데, 옆 사람의 고통에 신경 쓸 여유가 있었을까요?

예수님은 지금 양 손목에 못이 박히고 발에 못이 박힌 상태로 십자가에 달려있습니다. 육체적 고통 외에는 그 어떤 것도 생각할 수 없는 상태입니다. 그런 절박한 상황에서 죄수의 요청에 "오늘 네가 나와 함께 낙원에 있으리라"고 말씀을 하시는 이유는 이 사건이 십자가 죽음의 고통보다 더 크고 중요한 문제이기 때문입니다. 이 문제가 주님께서 십자가에 달리신 이유입니다. 어떤 범죄자라 할지라도 예수님을 믿기만 하면 천국에 갈 수 있습니다. 마지막 순간이라 할지라도 예수님을 믿기만 하면 구원받을 가능성은 있습니다! 이것이 주님께서 우리에게 주신 복음입니다. 그렇기 때문에 이 말씀은 어느 한 개인의 특별한 구원의 문제가 아닙니다. 이 이야기는 곧 나의 이야기요, 우리의 이야기입니다. 이 범죄자가 곧 나 자신이라는 것을 깨달아야 합니다. 그것이 은혜입니다. 이 은혜가 임한 사람이 진정 예수님을 믿고 구원받은 사람입니다.

영국의 위대한 설교가 찰스 스펄전(Charles Spurgeon)은 자신의 설교에서 이 죄수가 "지상에서 주님의 마지막 동반자"(our Lord's last companion on earth)였을 뿐 아니라 "천국에 함께 들어간 최초의 동반자"(His first companion at the gates of paradise)라고 말했습니다.

예수님과 더불어 천국에 최초로 들어간 사람은 베드로나 야고보나 요한과 같은 예수님의 제자들이 아니었습니다. 예수님의 어머니 마리아도 아니었습니다. 사도 바울도 아니었습니다. 평생 못된 짓만 골라 했던 흉악범, 그 범죄자가 예수님과 함께 천국에 들어간 첫 번째 사람이 되었습니다.

분명한 것은 "오늘 네가 나와 함께 낙원에 있으리라"는 말씀은 예수님 곁 십자가에 못 박힌 죄수에게만 하신 말씀이 아니라는 사실입니다. 우리 모두에게 하신 말씀입니다. 주님께서 이 말씀을 해주셨기 때문에, 우리가 이 세상을 떠나는 순간, 지옥 불에 떨어지는 대신 천국에 이를 수 있는 확신을 갖게 된 것입니다.

'내가 죄수였습니다!' 이것이 믿어지고 고백할 수 있는 사람이 진정 예수님을 믿는 자입니다.

'내가 탕자의 비유에 나오는 탕자입니다' 고백하는 사람이 구원받은 자입니다.

그런데 많은 사람이 이것을 잘 이해하지 못합니다. 자신은 그런 흉악한 범죄자가 아니라고 말합니다.

미국의 어느 목사님이 임종을 앞둔 사람을 전도하기 위해 심방을 가서 이 죄수 이야기를 들려주었습니다. "이 죄수도 마지막 순간에 예수님을 영접하고 구원받아 천국에 갔습니다. 그러니 선생님도 예수를 영접하시지요." 이야기를 가만히 듣고 있던 그 사람이 "저는 범죄자는 아니에요."라고 대답을 했답니다. 참 기가 막힌 일입니다. 그는 평생을 아마 그런 마음으로 살았을 것입니다.

"나는 범죄자는 아닙니다." 이것이 무서운 교만입니다. 가장 큰 죄입니다. 소위 교양 있고 많이 배우고 세상에서 성공해 존경도 받고 선하다는 사람 중에 이런 사람들이 많습니다. 십자가의 은혜로 구원받았다면서 실제로는 탕자의 형과 같은 사람이 많습니다. 죄의 크고 작음이 상관없고 드러난 죄보다 숨은 죄가 더 무서운 것을 모르는 사람들입니다.

제가 전형적으로 그랬습니다. 목사 아들로 태어나 목사가 된 저는 성경에 나오는 죄수의 수준은 아니라고 생각했습니다. 세상에는 진짜 강도 같은 사람들이 있습니다. 그러나 모든 사람이 그런 것은 아니라고 생각했습니다. 수준도 있고 교양도 있고 상식도 있고 모범생이라는 말을 듣는 사람도 있으니 저도 그런 부류의 사람인 줄 알았습니다. 그러니까 저는 그때 진짜 구원받은 사람이 아니었던 것입니다. 교회를 열심히 다니고, 착하다는 소리를 많이 들으면 선하고 의로운 사람인 줄 알았습니다.

전 세계에 무슬림이 이렇게 많아진 이유가 뭔지 아십니까? 바로 소위 교양 있고 수준 있다는 기독교인들이 저지른 죄 때문입니다. 하나님께서 서구의 많은 기독교 국가에게 복 주셔서 부강하게 하시고 전 세계에 영향력을 끼칠 기회를 주셨습니다. 하지만 그들은 그 영향력으로 수많은 식민지를 만들었습니다. 그들은 겉으로는 다 예수 믿는 사람들이었습니다. 마을마다 예배당을 세우고 주일마다 아이들까지 좋은 옷을 입고 예배당에 나가 예배를 드렸으며 무덤에 십자가를 꽂아놓았습니다. 그런데 식민지 사람들에게는 얼마나 악독하고 잔인했는지 모릅니다.

그때 기독교를 경험했던 제국주의 시대의 식민지 나라들이 대부분 이슬람 국가가 되었습니다. 기독교를 싫어하게 되었고, 기독교는 침략자라는 인식을 하게 되었던 것입니다.

우리는 자신이 어떤 사람인지 정확히 알아야 합니다. 죄수와 같고 창녀와 같은 자였는데 예수님을 통해 구원받은 것입니다.

예수님을 믿는 사람은 어떻게 선한 존재가 됩니까? 착하고 성실하고 교양 있어서 그렇게 되는 것입니까? 아닙니다. 오직 하나님의 은혜로 구원받고 거듭나게 됩니다.

제가 회심할 때 하나님이 저에게 깨우쳐 주신 것은 오직 하나입니다. '내가 얼마나 큰 죄인인가!' 하는 것이었습니다. 그 죄의 핵심은 지옥에 갈 수밖에 없는 죄인이었음에도 스스로 다른 사람보다 낫다고 생각하는 교만이었습니다. 그게 바리새인의 죄였고 가장 무서운 죄임을 깨닫게 하셨습니다. 십자가의 주님을 바라보니 제가 알던 어떤 나쁜 사람보다 제가 더 죄인이었습니다. 하나님 앞에서 저의 실상을 보았습니다. 은밀하게 감춰진 저의 죄를 목격했습니다. 꼬꾸라졌습니다. 그렇게 십자가의 주님을 만났습니다. 그리고 거듭났습니다.

한번은 성경 공부 중에 '우리는 모두 다 같은 죄인'이라는 부분을 공부하는데, 어느 교우가 항변하는 것입니다.

"목사님, 물론 제가 완전하다는 것은 아닙니다. 그러나 목사님도 제가 술주정뱅이나 창녀나 살인자나 폭력배와 같지는 않다는 것은 인정해 주셔야 합니다. 모두가 다 똑같다고 할 수는 없지 않습니까?"

여러분은 어떻게 생각하십니까?

술주정뱅이나 창녀나 살인자나 폭력배여도 된다는 말이 아닙니다. 죄인임을 인정하는 것에 대해 말하는 것입니다. 그들은 자신이 죄인인 것을 인정합니다. 그러나 소위 교양 있다는 사람은 좀처럼 자신이 범죄자요, 창녀 같은 사람이라는 것을 인정하지 않습니다.

십자가상에서 죄수가 구원받은 사건은 특별한 사례가 아닙니다. 십자가의 구원이 무엇인지를 말해주는 것입니다. 아무 공로도 없이 오직 구원의 갈망과 믿음으로 구원받은 이 죄수는 곧 우리 모두를 대표하는 사람입니다. 우리는 모두 다 범죄자였습니다. 모든 것을 다 하나님으로부터 받은 것인데 오직 자기 자신만을 위하여 살았다면 도둑이 아니고 무엇입니까? 우리는 모두 하나님의 보좌를 대신 차지하고 하나님께 반역하는 범죄자였습니다.

예를 들어, 어느 회사에서 한 사람에게 한 신규지점을 맡겼다고 합시다. 그러면 이 사람은 열심히 지점을 운영해 회사에 이익이 되게 일해야 할 것입니다. 그런데 이 사람이 지점을 통해 얻은 모든 수익을 개인을 위해 썼다고 가정해봅시다. 회사 차원에서 보면 그 사람은 총만 안 들었지 강도입니다. 자신의 것이 아닌 것을 자기 것처럼 사용했기 때문입니다.

우리는 어떻습니까? 하나님이 주신 모든 것, 즉 시간, 재물, 기회를 모두 나를 위해서 썼습니다. 이것은 도둑질입니다. 다른 사람의 것을 도둑질하는 것도 큰 죄인데 하나님 것을 도둑질하고 어떻게 이렇게 뻔뻔할 수 있습니까?

그러므로 "오늘 네가 나와 함께 낙원에 있으리라"라는 말씀은 예수님 곁에서 십자가에 못 박힌 죄수에게만 하신 말씀이 아닙니다. 우리를 위한 말씀입니다. 주님께서 이 말씀을 십자가상에서 해주셨기 때문에, 우리는 이 세상을 떠나는 순간에 지옥 불에 떨어지는 대신 낙원 곧 천국에 갈 수 있게 된 것입니다. "오늘 네가 나와 함께 낙원에 있으리라" 이 두 번째 말씀에 우리는 그냥 꼬꾸라질 수밖에 없습니다.

실제로 제가 속죄의 은혜를 경험해보니 더 이상 필요한 것이 없어졌습니다. 주를 위해 일할 수만 있다면 모든 것이 충분했습니다. 마지막 순간 주님 앞에서 '수고했다. 내 종아!' 이 말씀만 들을 수 있다면 어떤 형편일지라도, 어떤 취급을 받을지라도 좋겠다는 생각이 들었습니다. 이것이 죄인된 자에게 임하는 하나님의 은혜입니다.

왜 하나님이 죄인을 이렇게 구원하셨고, 귀신 들렸고 창녀였던 막달라 마리아를 예수님이 그렇게 아끼셨을까요? 죄인을 이렇게 구원해주서도 됩니까? 창녀를 이렇게 위해 줘도 됩니까? 평생 수준 있고 교양 있게 살았다고 자부하는 사람에게 이 사실은 거리낌이 될 수 있을 것입니다.

그러나 한번 생각해보기를 바랍니다.

만약 그 죄인이 잃어버렸던 당신의 아들이라면 어떻게 반응하시겠습니까?

만약 그 창녀가 잃어버렸던 당신의 딸이었다면 어떻게 하시겠습니까?

오랜 세월 잃어버렸던 자녀가 돌아왔는데 그가 죄인이든, 창녀이든 어찌 저버리겠습니까?

"잘 왔다. 사랑한다" 하지 않겠습니까? 이것이 십자가 구원입니다.

주님께서 그 죄인에게 하신 말씀은 잃어버린 아들이 돌아왔을 때 그를 맞이하는 아버지의 마음에서 나온 것입니다. 그래서 그 극심한 고통 중에서도 그 말씀은 하셔야 했던 것입니다.

하나님이 왜 죄인과 창녀를 정죄하지 않고 사랑하십니까? 잃어버린 자식을 찾았기 때문입니다. 그러니 우리의 구원은 죄를 많이 지었는지 적게 지었는지, 착한 일을 얼마나 많이 했는지 적게 했는지에 달린 것이 아닙니다. 십자가 복음의 핵심은 잃어버린 자식을 찾는 데 있습니다. 그래서 십자가의 극한 고통 중에도 죄수가 구원을 호소했을 때 "오늘 네가 나와 함께 낙원에 있으리라"고 말씀하셨던 것입니다.

미국의 새들백교회를 담임하고 있는 릭 워렌(Rick Warren) 목사가 교도소에서 재소자들에게 설교할 때 일입니다. 워렌은 마이크 하나를 든 채 연단도 없는 평평한 땅바닥에 말씀을 전하기 위해 서 있었는데 재소자들의 분위기가 너무 산만했습니다.

잠시 후, 그는 주머니에서 100달러짜리 지폐 한 장을 꺼내 높이 들고 말했습니다.

"이 100달러를 갖고 싶은 사람이 있습니까?"

그러자 일제히 손을 들었고 단번에 모두의 관심이 집중되었습니다.

이번에는 구겨서 살짝 찢은 뒤에 말했습니다.

"이 100달러 지폐가 구겨졌는데도 갖고 싶은 사람이 있습니까?"

이번에도 모두 손을 들었습니다.

그러자 그는 돈에 침을 뱉은 다음 바닥에 던져 밟은 뒤에 다시 물었습니다.

"이래도 이 돈을 원하는 사람이 있습니까?"

이번에도 전부 손을 들었습니다.

워렌은 말했습니다.

"바로 이것이 아버지이신 하나님이 우리에게 해주신 일입니다. 학대를 받으셨습니까? 이용을 당하셨습니까? 쓸모없는 인간이라는 모욕을 당하셨습니까? 물론 당신은 잘못을 저지르고 죄를 지어서 그에 대한 값을 치르고 있습니다. 지금 당신은 구겨지고 찢기고 짓밟혀서 더러워진 지폐와 같습니다. 그러나 하나님 앞에서 당신의 가치는 단 1달러도 떨어지지 않았습니다. 그 모습 그대로 사랑하십니다."

이 말씀을 들은 재소자들에게 엄청난 회심이 일어났다고 합니다.

하나님이 나의 아버지이심을 알 때 죄인을 사랑하시는 하나님 아버지의 사랑을 알게 됩니다. 우리가 그 은혜를 받은 자입니다. 하나님 아버지께서 우리를 잃어버린 자녀로 받으셨습니다. 그러니까 반복해서 죄를 짓고 하나님의 은혜를 값싸게 여김에도 불구하고 또 찾아오시고 또 말씀하시는 것입니다. '주여, 제가 죄인이었습니다. 제가 창녀였습니다.' 이제는 이 눈이 뜨여야 합니다. 이 눈이 뜨이면 주님이 완전히 다르게 보이기 시작합니다. 십자가도 완전히 다른 십자가입니다. 인생이 완전히 달라집니다. 우리의 삶 전체가 바뀝니다.

입양은 십자가의 은혜와 많이 닮았습니다. 아이를 입양한 부모의 마음과 입양된 아이의 마음을 생각하면 십자가의 은혜가 무엇인지 알 수 있습니다. 복음주의 신학자 제임스 패커(J. I. Packer)는 "입양을 모르고는 기독교를 제대로 이해할 수 없다. 하나님이 우리에게 주신 가장 큰 선물은 우리를 자녀 삼아주신 것이다"라고 했습니다.

세상에서 우리는 아버지가 있든 없든 누구나 고아같이 삽니다. 인생의 어느 시점부터는 자기가 자신을 책임져야 합니다. 그런데 십자가는 하나님이 아버지이심을 깨우쳐 줍니다. 성령은 양자의 영(롬 8:15 새번역, 자녀로 삼으시는 영)이기 때문입니다. 하나님의 아버지 되심이 믿어지면 어떤 처지나 형편에서도 낙망하지 않습니다.

기독교 변증가 리 스트로벨(Lee Strobel)은 자신의 책《은혜, 은혜, 하나님의 은혜》(두란노, 2015)에서 한 한국인 입양인의 이야기를 소개합니다.

6.25 전쟁 중 태어난 스테파니는 혼혈아였기 때문에 서너 살 때, 엄마로부터 버림받았습니다. 겨우 네다섯 살 때부터 3년 정도 산과 들판에서 동물과 같은 삶을 살았습니다. 일곱 살 무렵, 도시인 대전으로 내려와 고아들의 무리 속에서 학대와 강간을 당하기까지 했습니다. 죽을 것 같은 상황에서 한 고아원에 들어가게 되었고 거기에서 입양을 위해 찾아온 선교사를 만났습니다.

갓난아이를 입양하러 왔던 선교사는 영양실조에 성격이 매우 거친 아홉 살의 이 여자아이에게 다가가 부드럽게 얼굴을 만지고 감싸 안아주었습니다. 그런 대접을 처음 받은 아이는 속으로는 너무나 황홀하다고 생각했지만, 겉으로는 이해할 수 없는 행동을 했습니다. 손을 확 뿌리치고 그 선교사의 눈을 쳐다보며 침을 뱉었습니다. 두 번이나 그러고는 달아나 옷장에 숨었습니다.

하지만 그 선교사는 고아원을 다시 찾아왔고 소녀는 원장실로 불려갔습니다. 소녀는 원장실로 불려가 맞을 줄 알았는데, 오히려 그 선교사 부부에게 양녀로 입양되었습니다. 처음에는 식모로 데려가는 줄 알았습니다. 그런데 자신을 대하는 태도는 식모를 대하는 태도가 아니었습니다. 혼혈아라고 놀림 받던 아이는 마치 공주처럼 대접을 받게 되었습니다.

하루는 동네 한 여자아이에게 "이 미국 사람들, 정말 웃긴다. 아직도 나한테 일을 안 시켜. 정말 잘해 주기만 해"라고 말했더니 그 여자아이는 눈을 동그랗게 뜨고 말했습니다.

"스테파니, 너는 네가 그 집의 딸인 걸 모르는 거야?"

"아니야. 난 그 집의 딸이 아니야!"

그 아이는 흥분해서 말했습니다.

"너 그 집의 딸이야. 넌 그 집의 딸이라고!"

그래서 집으로 달려가 의자에 앉아 있던 엄마에게 한국말로 외쳤습니다.

"내가 딸이에요?"

한국인 일꾼 하나가 통역해 주는 말을 들은 엄마의 눈에서는 눈물이 주르르 흘러내렸습니다.

"그때 기분, 그건 말로 표현할 수가 없어요. 말로는 도저히 설명할 수 없어요."

이후 그녀는 양부모인 목사님을 따라 미국으로 가서 그곳에서 자랐습니다. 그러나 깊은 마음의 상처와 두려움을 사람들에게 내보이지 않았습니다. 완벽한 미국 사람이 되려고 애를 썼지만, 밤마다 잠자리에 들 때면 모든 게 발각돼서 부모님의 사랑을 잃는 건 아닌지 죽을 만큼 두려움에 떨어야 했습니다.

그러던 열일곱 번째 생일을 앞둔 어느 날, 엄마에게 짜증을 부리고 뾰로통하게 굴다가 엄마에게 혼이 났습니다. 잔뜩 화가 난 채로 자기 방으로 들어가 방문을 쾅 닫고 침대 이불속으로 기어들어 갔습니다.

잠시 후 아빠가 문을 열고 들어와 말했습니다.

"네 엄마와 내가 너를 한없이 사랑한다는 걸 네가 알았으면 좋겠다. 하지만 너는 그 사랑이 받아들여지지 않아 힘든 것 같구나. 이제 우리가 너를 하나님께 맡겨 드릴 때가 되었다."

그러면서 "지금 예수님을 생각해보거라. 그분만이 널 도울

수 있어."라고 말하고는 스테파니를 혼자 두고 나갔습니다.

그 순간까지 스테파니는 예수님을 하나님의 아들 정도로만 생각했습니다. 그분이 자신을 이해하신다는 생각이 들었던 것은 그날 밤이 처음이었습니다. 예수님도 버림받았고, 이 땅의 아버지가 친아빠가 아니었던 것도 자신과 같았습니다. 그분도 사람들에게 조롱과 학대를 당했습니다. 사람들이 그분을 죽이려고 쫓아다닌 것도 자신과 같았습니다.

그제야 '아, 예수님이 나를 이해하시겠구나!' 하고 깨달아졌습니다. 그래서 기도했습니다.

"하나님, 당신이 우리 엄마 아빠가 말한 그분이라면 지금 당장 뭔가를 해주세요!"

그분은 정말 해주셨습니다.

눈물이 터졌습니다. 몇 년째 울지 않았고 울 수가 없었습니다. 학대와 놀림을 당하면서 배운 것은 울수록 고통이 더 심해진다는 것입니다. 그런데 그날 밤, 마음 안에서 차갑게 굳어 있던 뭔가가 무너져 내렸습니다. 하나님과 사이를 가로막았던 벽이 무너졌고 마침내 눈물이 흘렀는데 도저히 멈출

수가 없었습니다.

통곡하는 중에 엄마 아빠가 방으로 들어와 아빠는 발을, 엄마는 손을 잡고 주님께 기도했습니다. 그때 주님의 초자연적인 임재를 경험했습니다. 문득 '예수님이 나를 아신다. 그런데도 나를 사랑하신다!' 그분이 내 모든 수치를 아시고, 내 모든 죄를 아시고, 내 모든 두려움을 아시고, 내 모든 외로움을 아시면서도 날 사랑하신다는 것을 깨달았습니다. 그 뒤로 스테파니는 달라졌습니다.

그전까지는 하나님의 사랑을 모든 사람을 위한 사랑으로 여겼습니다. 사랑받으려면 자격이 필요한 줄 알았습니다. '하나님이 나를 사랑하실 수는 없잖아. 나는 실수로 태어난 아이니까! 죄의 결과물인 나를 어떻게 사랑하시겠어? 혼혈아를 어떻게 사랑하시겠어? 나는 강간당했으니 사랑하실 리가 없어! 학대받았으니 사랑하실 리가 없어! 마음속에 지독한 분노가 있으니 사랑하실 리가 없어! 아빠는 나더러 용서해야 한다는데 나는 용서할 마음이 없어. 이런 나를 하나님이 어떻게 사랑하시겠어?'

그런데 그날 밤, 하나님이 그런 자신을 사랑하신다는 것이 믿어지는 것입니다! 그 믿음이 그녀를 속속들이 바꾸어 놓았습니다. 오랫동안 자신을 미워했기에 거울 속의 자신을 사랑한다는 사실은 그야말로 기적이었습니다. 자신의 지난날의 그 끔찍했던 과거조차 감사했습니다.

"솔직히 고백하건대 제 삶에 없었더라면 더 좋았을 사건은 하나도 없습니다. 왜냐고요? 제 삶의 모든 일이 저를 예수님께 인도했기 때문입니다."

우리는 진짜 믿어야 합니다. 바로 우리의 이야기가 성경에 기록되어 있는 것을 말입니다.

오늘 네가 나와 함께 낙원에 있으리라

그래서 우리가 죽을 때 확신하는 겁니다. 주님과 함께 천국에 있을 것을 말입니다. 예수님께서 말씀하셨고, 약속하셨으니 믿기만 하면 됩니다. 이것을 '아멘'으로 받는 사람이 다른 사람에게도 같은 은혜를 흘려보낼 수 있습니다. 이것이 우리가 져야 할 십자가입니다.

주님께 받아들여지고 사랑받았기에 다른 사람을 주님이 하신 것처럼 받아줄 수 있어야 합니다. 죄인 같고 창녀 같은 사람이 많지만, 이들을 보는 눈이 달라져야 합니다. 저 사람도 '하나님의 사랑하는 아들이고 사랑하는 딸이다'라고 생각하면 그가 어떤 사람이든지 상관없이 그를 위해 기도하게 될 것입니다.

우리가 복음을 전하고자 하는 사람 중에는 자신에게 유난히 힘들게 하는 사람이 있을 수 있습니다. 이 사람을 볼 때 예수 그리스도의 십자가의 은혜가 자신의 눈을 덮어주길 기도해야 합니다. 그 사람도 잃어버린 하나님의 아들, 하나님의 딸입니다. 얼마나 하나님께서 애통한 마음으로 그 사람이 당신에게 돌아오기를 원하시겠습니까?

그 사람이 나에게 어떻게 했는지, 그 사람이 현재 어떤 모습인지는 상관없습니다. 오히려 잃어버린 부모의 마음으로 보면 더 애통하고 안타깝습니다. 우리는 서로를 그렇게 보아야 합니다. 그렇게 살아가는 것이 진짜 자기 십자가를 지고 주님을 따라가는 것입니다.

구원받은 죄수의 사건이 나의 사건임을 믿을 수 있도록 자신을 바로 볼 수 있는 눈이 뜨이기를 바랍니다. 무엇보다 이를 통해 다른 사람을 보는 눈이 하나님의 눈과 같아지기를 위해 기도하십시오.

설교영상 "구원의 십자가"
youtu.be/zEkR-B8ywh4

† 십자가 대면하기

1. 예수님의 십자가 앞에 서서 자신을 돌아보았을 때, 나는 어떤 사람인가? 하나님의 눈에는 예수님 옆에 달린 죄수와 같지 않는가?

2. 예수 그리스도의 십자가를 통해 내가 정말 하나님의 자녀가 되었음을 믿는가? 하나님이 나의 아버지이심을 믿기에 어떤 처지와 형편에서도 낙망하지 않는가?

† 십자가 지기

1. 내 주변의 모든 사람이 하나님의 사랑하는 사람이며, 예수님께서 십자가에서 달리기까지 사랑하신 그 사람임을 믿는가? 그렇다면 그 중 특별히 생각나는 사람은 누구인가? 그 사람을 나는 어떻게 대해야 하는가?

2. 내 주변 사람 중 잃어버린 하나님의 자녀는 누구인가? 나는 예수님의 마음으로 그 사람을 대하는가? 그 사람에게 예수님을 전하기 위해 나는 어떻게 해야 하나?

가상칠언 3

"여자여 보소서 아들이니이다
보라 네 어머니라"

사랑의
예수 그리스도

가상칠언 3

여자여 보소서 아들이니이다
보라 네 어머니라
(요한복음 19:26-27)

우리는 십자가에서 예수님을 만납니다. 십자가에서 예수님이 누구신지 가장 잘 알 수 있습니다. 예수님을 인격적으로 만나기를 원한다면 누구나 십자가 앞으로 나아가면 됩니다.

"아버지 저들을 사하여 주옵소서 자기들이 하는 것을 알지 못함이니이다" 주님이 십자가에서 드렸던 이 기도가 나를 위한 기도로 믿어지면 십자가의 예수님을 만난 것입니다.

"네가 나와 함께 낙원에 있으리라" 하신 말씀이 나에게 주신 말씀으로 믿어지면 예수님을 인격적으로 만난 것입니다.

많은 사람이 자신이 예수님을 인격적으로 만났는지에 대해서 확신이 없습니다. 그것은 깨닫지 못하였기 때문이지 예수님을 만나지 못하고 예수님을 믿는 사람은 없습니다. 성령이 임했다면 주님을 인격적으로 만난 것입니다. 십자가상에서 하신 말씀이 자신에게 주신 말씀으로 믿어지는 것이 성령의 역사입니다. 이것은 주님이 우리 마음에 거하시기 때문에 가능한 일이며, 신비적인 체험과 완전히 다른 것입니다.

우리는 십자가에서 하신 예수님의 말씀으로 예수님을 만나게 됩니다.

예수님께서 십자가에 달리신 극한 고통 속에서 하신 세 번째 말씀으로 우리는 예수님을 만나게 됩니다. 이 말씀은 육신의 어머니 마리아를 제자 요한에게 맡기시면서 하신 말씀입니다.

···모친께 말씀하시되 여자여 보소서 아들이니이다
(요한복음 19:26)
···제자에게 이르시되 보라 네 어머니라 ··· (요한복음 19:27)

이날 이후로 제자 요한은 곧 예수님의 어머니 마리아를 자신의 집에서 모셨습니다. 전승에 의하면 요한은 에베소에서 마리아가 죽을 때까지 모셨다고 합니다. 이것은 마리아에게도 말할 수 없는 큰 위로였을 것입니다. 예수 그리스도의 효심을 볼 수 있는 부분이기도 합니다. 또한, 요한에게도 말할 수 없는 큰 은혜였습니다. 요한이 끝까지 십자가 앞에 주님과 함께 있다가 어머니 마리아를 모시는 은혜를 받았습니다. 어떻게 보면 큰 짐일 수도 있지만, 우리가 다 예수님을 믿고 깨닫는 것처럼 십자가를 진다는 것은 다른 말로 하면 큰 은혜를 받은 것입니다.

어떤 사람은 요한이 어머니 마리아를 모시는 십자가를 졌기에 순교하지 않고 장수하는 복을 받았다고 말하기도 합니다. 또 어떤 사람은 90세가 넘어 순교했다고 말하기도 하고, 또 어떤 이는 90세가 넘어 순교한 것이 과연 순교라고 말할 수 있냐고 묻기도 합니다.

순교가 저주입니까? 당시 영적 상황으로 볼 때 요한으로서는 순교하지 않은 것을 결코 복이라고 말할 수는 없었을 것입니다. 사실 요한은 괴로워했을 것입니다. 예수님의 제자들이 다 순교했는데 요한은 혼자 살아남았기 때문입니다. 순교했느냐, 순교하지 않았느냐를 기준으로 그가 충성스러운 사람인가를 판단할 수는 없습니다. 순교자들도 천국에서 순교하지 못한 사람들에게 절대로 당신들은 나보다 못한 사람이라고 하지 않을 것입니다. 하나님께서 요한에게 예수님의 어머니 마리아를 맡기시고 그가 90세가 넘도록 생존하게 하셨던 것을 보면 순교만이 꼭 충성이 아님도 알 수 있습니다.

예수님의 제자들은 모두 순교했습니다. 그렇다면 초대교회는 누가 책임졌습니까? 그래서 요한이 끝까지 남아 초대교회의 영적 지도자 역할을 오랫동안 했던 것입니다. 또 성경의 마지막 책인 요한계시록을 써야 했습니다. 이것이 요한에게 주어진 특별한 은혜이고 사명이었습니다.

하나님의 부르심은 모두 놀라운 은혜입니다. 요한은 어떻게 그런 은혜를 받았습니까? 끝까지 십자가를 떠나지 않았기에 그 은혜를 경험했습니다.

십자가에 주님이 달리실 때 다른 제자들은 다 도망갔습니다. 그래서 그들은 예수님의 어머니를 맡을 어떤 책임도 지지 않았습니다. 그것이 복일까요? 끝까지 예수님의 십자가 가까이 있었던 요한이기에 예수님의 어머니를 맡을 수 있었습니다.

성도들도 가만히 보면 끝까지 십자가를 떠나지 않는 사람, 끝까지 교회를 가까이 하는 사람이 십자가를 집니다. 교회에 가까이 들어오지 않았다면 저런 십자가를 지지 않았을 텐데 하는 안타까움이 드는 사람이 있습니다. 처음에는 이것이 불공평하게 여겨졌습니다. 그런데 그런 성도들에게 주시는 하나님의 비밀스러운 선물이 있음을 발견하게 되었습니다. 주님의 십자가를 외면하지 않는 사람만이 받는 은총이 있습니다. 특별한 십자가입니다.

십자가를 지기 싫습니까? 그렇다면 생각해봐야 합니다. 십자가를 외면하고 어떻게 주님을 만나겠습니까? 십자가를 질 때는 힘들더라도 주님 만나는 날에는 십자가 진 것만 기억에 남게 될 것입니다.

예수님께서 십자가에서 하신 세 번째 말씀은 마리아나 요한에게만 주시는 말씀이 아니라 우리 모두에게 주시는 말씀입니다. 만약 마리아나 요한에게만 하신 말씀이라면 성경에 기록하지도 않았을 것이고 주님께서 굳이 말씀하시지도 않았을 것입니다.

그 극한의 고통 속에서 요한에게 마리아를 맡기고 마리아에게 요한이 아들이라고 말씀하셨던 것은 지금 우리 모두에게 하고 싶은 말씀이었기 때문입니다. 주님이 요한에게 부탁하신 말씀은 우리에게도 그대로 적용되는 말씀입니다.

보소서 아들이니이다
보아라 네 형제요 자매이니라

피 한 방울 섞이지 않은 우리가 예수 그리스도 안에서 놀랍게 형제자매가 되었고 천국에서 영원히 함께 살 가족이 되었습니다. 이 말씀을 예수님이 십자가에서 하고 계신 것입니다. 요한과 마리아는 어머니와 아들이 되었습니다. 그냥 특별히 잘 모셔달라는 말씀과는 다릅니다. 완전히 "너의 어머니다. 당신의 아들입니다"라고 말씀하시는 것입니다.

지금 우리에게도 그대로 말씀하십니다. 우리가 성도들을 볼 때, 특별히 어려운 성도들을 볼 때 그렇게 해야 합니다.

우리가 져야 할 십자가입니다. 그것은 슬픔과 아픔을 당한 사람들을 향하여 "보세요. 나는 그대의 형제요, 자매입니다. 그대는 나의 부모요, 나의 자녀입니다"라고 말하며 섬기는 일입니다.

예수님을 진실로 믿는 성도라면 십자가에서 주님이 자신에게 하신 말씀을 절대로 외면할 수 없습니다.

안산제일교회 담임을 하셨던 고훈 목사님께서 하루는 교인의 초청으로 갈비를 먹으러 식당으로 가는 길에 82세 되신 어머니가 교회 앞에서 양말을 팔고 계신 것을 보고 깜짝 놀랐습니다.

일찍 과부가 되어 행상하며 자녀들을 뒷바라지하신 어머니가 어떻게 자신이 담임하는 교회 앞에서 행상을 하신단 말입니까? 아들은 갈비를 먹으러 가고 어머니는 행상하는 것이 말이 됩니까? 교인들이 알면 목회는 끝난 것이나 다름없지 않겠습니까?

어머니가 목 좋은 곳에 자리는 잘 잡았다고 생각했습니

다. 거기에서 장사하면 교인들이 우르르 몰려오니까 빨리 팔 수는 있을지 모를 일이었습니다.

가던 길을 멈추고 혼자 돌아와 "어머니, 이러시면 안 돼요."하고 손을 딱 잡았는데 어머니가 아니고 모르는 할머니였습니다. 얼마나 다행인지 눈물이 나더랍니다.

"누구요? 나는 아들이 없는데" 하시기에 "아니에요. 저희 어머니도 아버지가 제가 열두 살에 세상 떠나셔서 장사하시면서 저희를 가르쳤거든요. 어머니 생각나서 그랬습니다. 이것 모두 주세요."라고 했답니다. "아니요, 다 살 필요는 없는데요." "아니에요. 다 주시고 어서 집에 가서 쉬세요." 하고는 그 양말 값을 충분히 지불하고 양말을 모두 집에 가져왔더니 사모님이 '어디에서 이런 것을 사 왔느냐'고 하더랍니다. 그래서 "아무 말도 하지 말고 신어. 감사하니까 신어." 했답니다.

그런데 그 순간 성령께서 목사님에게 묻더랍니다.

"네 어머니가 누구냐? 네 형제자매가 누구냐? 네 어머니가 이곳에서 장사 안 하는 것이 그렇게 기쁘고, 감사하냐?

눈물 나도록 감사하냐? 여기 이곳에 있는 모두가 너의 어머니다. 네 자식만 생각하고 네 어머니만 생각하면 네가 어떻게 나의 종이냐? 모두가 네 어머니고 네 형제고 네 자매다."

그 말씀 앞에서 목사님이 많이 회개하셨다는 이야기를 들었습니다.

예수님이 처음 천국 복음을 전하고 병자를 고치고 귀신 들린 자를 치유하는 사역을 하실 때 바리새인들은 예수님이 귀신들렸다고 소문을 냈습니다. 예수님의 어머니 마리아는 그 소문을 듣고 마음이 다급했습니다. 예수님을 데리고 가려고 예수님이 말씀을 전하시는 곳에 찾아오셨습니다. 예수님 주변에 있는 사람들이 예수님의 어머니와 동생들을 보고 가족들이 찾아왔다고 예수님께 알렸습니다. 그때 예수님은 엄숙하게 다시 묻습니다.

누가 내 어머니이며 동생들이냐 … 내 어머니와

내 동생들을 보라 누구든지 하나님의 뜻대로 행하는 자가

내 형제요 자매요 어머니이니라(마가복음 3:33-35)

이 말씀은 오늘날 우리에게도 하신 말씀입니다. 하나님의
뜻대로 살기 원하는 자는 모두 예수님의 친형제요, 친자매
요, 어머니라는 것입니다.

하나님은 분명한 목적을 가지고 우리를 교회가 되게 부르
셨습니다. 십자가에서 이렇게 교회로 모아주셨습니다. 그래
서 예수 믿는 성도들은 가족이라고 합니다. 여러분에게 교우
는 정말 가족입니까? 우리가 다른 사람을 어떤 눈으로 보느
냐에 따라 자신이 정말 예수님을 영접한 사람인가를 알 수
있습니다. 예수님은 심지어 이렇게까지 말씀하셨습니다.

내가 진실로 너희에게 이르노니 너희가 여기 내 형제 중에
지극히 작은 자 하나에게 한 것이 곧 내게 한 것이니라
(마태복음 25:40)

사람을 보는데 예수님을 보는 것처럼 보는 사람은 온전하

게 예수 믿는 사람입니다. 지극히 작은 자, 평소 같으면 외면할 사람이 자기 곁에 오신 예수님으로 보이면 그는 진짜 예수 믿는 사람입니다. 이 사람은 예수님 안에서 사람을 보는 눈이 뜨인 사람입니다. 십자가의 예수님께서 그 눈을 열어 주신 것입니다. 주님을 바라보는 눈뿐 아니라 서로를 보는 눈도 열어 주셨습니다.

사도행전 2장에 나오는 초대교회가 바로 십자가 사랑을 경험한 성도들이 모인 교회의 모습입니다. 교회 중심에 십자가가 있는지 없는지와 교인들이 서로 가족처럼 여기는지 아닌지를 보면 정말 예수님의 교회인지를 알 수 있습니다.

'교회가 타락했다. 사명을 제대로 감당하지 못한다'고들 말하는데 구체적으로 교회의 어떤 점을 말하는 것일까요? 교인들 서로가 가족같이 대하지 않고 산다는 말입니다.

개신교 목사님 중에 수도원을 창설하고, 수도자로 살다 가신 엄두섭 목사님이란 분이 있습니다. 2016년에 97세로 소천 하셨는데, 목회를 하다가 그만 두고 평생 수도원에서 수도자로 사신 분입니다.

그분이 30세에 목사 안수를 받고 전라남도 광주 인근의 남평에 위치한 교회에 부임했습니다. 교회의 분위기가 매우 어수선해 이유를 알아보았더니, 그 교회에서 신앙적으로 가장 모범적이었던 집사 한 분이 교회를 떠나 '산중파'를 따라 가버렸다는 것이었습니다. 소위 '산중파'의 지도자는 이현필이란 사람이었는데, 그 무리들은 산속에 기거하면서 성경 공부하며 신앙생활을 하는 사람들이었습니다. 그래서 이단 취급을 받았습니다.

그런데 당시 전라도에는 공산당이 극성을 부리고 있었고 엄 목사님이 목회하는 교회에도 공산당원임을 자처하는 자들이 5명이나 될 정도였습니다. 이때 6.25 전쟁이 터졌습니다. 인민군들에 의해 서울이 점령되자 큰 교회 목사들과 힘 있는 교인들이 군 트럭을 타고 서둘러 부산으로 도망쳐버렸습니다. 인민군들이 쳐들어왔을 때 곤욕을 치러야 했던 사람들은, 시골 작은 교회 목사들과 힘없는 교인들뿐이었습니다. 그 가운데 미국인 여선교사인 유화례(Florence Elizabeth

Root) 선교사가 있었습니다. 유 선교사는 불쌍한 사람들을 도와주다가 피난 시기를 놓친 채, 인민군의 눈을 피해 이리저리 도망 다니고 있었습니다. 그녀가 인민군에게 붙잡히면 어떤 고초를 당할지 알 수 없는 긴박한 상황이었습니다. 그러나 아무도 그녀를 도와줄 엄두를 내지 못했습니다. 미국 여선교사의 생명보다는 각자 자기의 생명이 더 급했기 때문입니다.

그때 목숨을 걸고 미국 여선교사를 구출해 낸 자들이 바로 '산중파' 사람들이었습니다. 그들은 이 땅에 복음을 전하기 위해 헌신하던 미국 여선교사를 구하는 것이야말로 그리스도인 된 자의 의무라 생각했습니다. 그들은 큰 궤짝을 만들어 여선교사를 그 속에 들어가게 한 뒤 번갈아가며 지게에 지고, 도중에 사람들이 물으면 짐짝이라 대답하면서 70리나 떨어진 화순 화학산으로 들어갔습니다. 그리고 그 산중턱에 있는 동굴에 선교사님을 숨겨놓고, 인민군들이 해를 넘겨 물러갈 때까지 그녀를 먹이고 지켰습니다.

그 와중에서 산중파 사람 두 명이 빨치산에 발각되어 목숨을 잃기도 했습니다. 산중파 사람들의 이와 같은, 생명을 건 헌신과 사랑에 의해 유화례 선교사는 무사히 구출될 수 있었습니다.

엄 목사님은 그 사실을 직접 보고 과연 누가 진정한 그리스도인인지, 누가 참으로 주님을 모시고 사는 사람인지, 어느 쪽이 정말 교회인지 깊이 생각하게 되었습니다. 그 후 8년 만에 서울로 목회지를 옮겼는데 도시 그리스도인들의 타락상을 더욱 절실하게 확인한 뒤, 옛날 산중파 사람들을 생각하면서 목회를 접고 수도원 운동을 시작하게 되었던 것입니다.

저는 엄 목사님의 입장을 전적으로 찬성하지는 않습니다. 우리가 다 산속 수도원에 들어가 주님만 바라보고 사는 것이 주님이 원하는 것은 아니라고 생각하기 때문입니다. 세상 가운데 살아가는 것은 교회를 세우신 하나님의 계획이며 절대 포기할 수 없는 부르심입니다.

그러나 교회의 역할은 무엇이며 우리는 어떻게 교회를 교회되게 할 수 있는지를 분명히 알아야 합니다.

이 말씀을 기억하면 됩니다. "보소서 아들이니이다 보아라 네 형제요 자매이니라" 예수님이 십자가에서 세 번째 하신 말씀을 명심하고 성도들을 봐야 합니다.

교회 안에서 가장 어려운 시험은 말 시험일 것입니다. 말이 성도들의 관계를 깨뜨립니다. 똑똑한 말이고 옳은 말을 하는 것 같은데 그 말이 문제를 일으킵니다. 이유가 무엇입니까? 단 하나, 자신이 말하는 그 사람을 부모나 형제나 자녀로 여기지 않고 남이라 여기며 한 말이기 때문입니다. 만일 부모나 자녀나 형제라면 어떻게 하겠습니까? 소문을 내겠습니까? 변명해 주겠습니까? 만약 일이 잘못되었다면 팔을 걷어붙이고 거들지 않겠습니까? 문제에 침묵하라는 것이 아닙니다. 주님의 말씀처럼 내 가족의 문제라 생각하고 말을 하고 거들기도 하라는 것입니다. 옳고 그른 것을 따지는 말 한마디가 한 사람을 무너뜨릴 수 있음을 명심해야 합니다.

내 부모, 내 형제라고 생각하면 눈물로 기도하게 되고 주님을 바라보며 말을 하게 됩니다. 그때 교회는 진짜 교회가 되는 것입니다. 이 은혜의 역사가 우리 안에 일어나야 합니다.

아세아연합신학대학교 교수인 이한영 목사님의 어머니는 친정이 부유하셨지만 너무나 검소하게 평생을 사셨습니다.

한번은 시골길을 가다가 휴게소에 들렀는데, 조용히 어디론가 가시더니 본인이 드시지도 않는 설탕으로 범벅된 도넛 몇 봉지를 사오셨습니다. 아들인 이 목사님은 어머니가 왜 그 도넛을 사 오셨는지 금방 눈치 챘습니다. 항상 그러셨듯 이 장사가 안 되는 가게의 물건을 사 오신 것입니다.

목사님의 어머니는 한 번도 맛있는 식당에 가자고 말씀하신 적이 없으셨습니다. 여러 식당이 모여 있으면, "한영아, 저 집 앞에 너무 차들이 없다. 저 식당으로 가자."라고 하셨습니다.

어머니의 영향을 받아 목사님도 혼자 외식할 일이 있으면 장사가 안 되는 식당만 찾아다니게 되었다고 합니다. 그러면서 우리나라의 그리스도인들이 하나같이 장사가 잘 안 되는 식당만 찾아다닌다면 빈부격차가 줄어들고 한국 경제가 일어날 것이라고 말했습니다.

예수 믿는 우리만이라도 이런 생각을 한다면 나라가 변하지 않겠습니까? 주님을 만나고 은혜 받으면 사람을 보는 눈이 열립니다.

사람 때문에 겪는 시험이 가장 큰 비바람입니다. 그런데 주님 안에서는 더 이상 문제 될 것이 없습니다. 사랑의 말씀을 붙잡고 주님의 사랑을 누리는 사람에게는 모든 교인이 다 사랑하는 가족이 됩니다. 가시 같은 사람이 가족으로 믿어지는 역사가 일어납니다. 이처럼 주님만 바라보고 살 때 우리는 교회를 사랑으로 소문난 교회로 만들 수 있습니다.

사람들이 돈, 권력, 감각적 쾌락, 술과 섹스에 중독되는 것은 그것이 나쁘다는 것을 모를 정도로 어리석어서 그런 것이 아닙니다. 영적 은사도 강하고 유명한 목회자들이 돈, 권력, 섹스 때문에 무너지는 것이 몰라서 이겠습니까? 다 압니다. 자녀들, 교인들에게 그렇게 살지 말라 가르치면서 자신은 어리석은 길로 빠져드는 것이 불편한 진실입니다. 이유는 단순합니다. 그들에게 돈, 권력, 감각적인 쾌락보다 더 기쁨을 주는 진정한 신앙 공동체가 없기 때문입니다.

심리학 박사 브루스 알렉산더(Bruce K. Alexander)가 한 '쥐 공원'이란 실험이 있습니다.

고립된 상황에 있는 쥐에게 먹이와 마약 성분의 물을 주면 쥐는 마약 성분의 물만 먹다가 굶어 죽는다고 합니다. 이것은 큰 고통을 주는 강한 전기충격을 받는 공간을 통과해야 마약 성분의 물을 마실 수 있는 조건에서도 마찬가지였습니다.

그러나 쾌적하게 지낼 수 있는 '쥐 공원'에서 쥐들은 마약 성분의 물에 잠시 호기심을 보였을 뿐, 어떤 쥐도 중독될 정도로 그 물을 계속 마시지 않는 것을 확인했습니다.

왜 그럴까요? 마약의 쾌락보다 자기들끼리의 공감과 놀이가 더 행복했기 때문입니다.

분명히 건강한 가족과 친구, 동료와의 따뜻하고 친밀한

관계는 마약보다 훨씬 강한 행복입니다.

사람은 누구나 자신을 공감하고 이해해 주고 사랑해 주는 이를 만나지 못하면 마음이 무너져 어리석은 행동을 하게 됩니다. 사람들이 욕망을 추구하고 쾌락에 빠져서 인생을 망치는 것은 사람들과 충분히 교감하지 못해 심각한 고립의 감정을 느끼기 때문입니다. 그래서 주님은 우리에게 교회를 주신 것입니다. 건강한 교회가 왜 그렇게 중요한지 계속해서 가르쳐주시는 것입니다. 교회의 기초는 주님께서 주신 새 계명입니다.

새 계명을 너희에게 주노니 서로 사랑하라(요한복음 13:34)

우리는 자신을 이해해 주고 사랑하는 사람이 생기기만을 바라고 기다려서는 안됩니다. 먼저 자신이 다른 사람들에게 친구와 이웃이 되어야 합니다. 이것이 자신을 사랑해 주는 사람을 만나는 가장 빠른 길입니다. 이것이 탕자의 비유와 착한 사마리아인의 비유를 통해 말씀하신 예수님의 명령입니다. 우리는 교인들을 볼 때, 십자가에서 주님이 하신 말씀을 명심해야 합니다.

보소서 아들이니이다
보아라 네 형제요 자매이니라

항상 십자가를 떠나지 않은 사람이 지는 십자가가 사랑의 십자가입니다. 이것은 가장 행복한 사람만이 질 수 있는 십자가입니다. 이 사랑의 십자가는 교인들에게만 한정되지 않습니다. 모든 사람을 대하는 마음이 달라지기 때문입니다.

어느 랍비가 제자들에게 물었습니다.
"너희는 새벽이 오는 것을 언제 아느냐?"
한 제자가 대답했습니다.
"고양이와 양을 구별할 수 있을 때 압니다."
"아니다."
다른 제자가 대답했습니다.

"무화과나무 잎과 포도나무 잎이 구별될 때 새벽이 오는 것을 압니다."

"그것도 아니다."

그러면 어느 때냐고 묻는 제자들에게 랍비가 말했습니다.

"이웃이 네 눈에 보일 때가 어둠이 걷히고 새벽이 오는 때이니라."

비바람이 우리의 앞길을 막아도 우리는 주의 길을 가야합니다. 우리의 앞길을 막는 비바람 중에 가장 힘든 것이 무엇입니까? 가까운 사람들과 관계가 깨어지는 것입니다. 여기에 우리가 져야 할 십자가가 있습니다. 십자가에서 예수님은 우리가 서로 천국 가족이라고 말씀하십니다. 예수님을 정말 사랑한다면 그 말씀을 어찌 외면하고 살 수 있겠습니까? 우리는 주님을 따라 사랑하며 살아야 합니다.

설교영상 "사랑의 십자가"
youtu.be/9lDVjRFRN70

† 십자가 대면하기

1. 예수 그리스도의 십자가는 나를 어떻게 믿음의 공동체 모두와 한 가족이 되게 하는가? 십자가 안에서 한 가족이라는 의미는 구체적으로 어떤 것을 뜻하는가?

2. 모든 사람을 위해 주신 예수 그리스도 십자가의 사랑이 내가 속한 공동체와 세상에 나를 통해 드러나는가? 십자가의 예수님은 나에게 어떤 책임을 전해주고 있는가?

† 십자가 지기

1. 공동체 안에서 내가 다가가 예수님의 사랑으로 들어주고, 이해해 주며, 사랑해야 할 지체는 누구인가?

2. 슬픔과 아픔을 당한 사람 중에 내가 섬길 수 있는 사람은 누구인가? 어떻게 구체적으로 섬길 수 있을까?

"엘리 엘리 라마 사박다니 –
나의 하나님, 나의 하나님,
어찌하여 나를 버리셨나이까"

저주받으신
예수 그리스도

가상칠언 4

엘리 엘리 라마 사박다니 –
나의 하나님, 나의 하나님,
어찌하여 나를 버리셨나이까

(마태복음 27:46)

십자가상의 가장 깊은 고통 속에서 부르짖은 예수님의 말씀입니다. 이 네 번째 말씀은 예수님이 하셨다고는 도저히 믿어지지 않는 말씀입니다.

나의 하나님, 나의 하나님,
어찌하여 나를 버리셨나이까

이 말을 부르짖은 그때, 예수님은 완전한 저주 아래 놓여 있었습니다. 영원히 함께하셨던 성부 하나님이 자신을 버리신 것처럼 느껴졌습니다. 성부 하나님이 너무나 낯설게 느껴진 순간입니다. 완전히 버림받은 죄인의 상태였던 것입니다.

구약의 제사를 살펴보면 사람의 죄를 속죄하기 위해 속죄 제물을 가지고 와 하나님께 번제를 드렸는데, 그때 속죄 제물에 요구되는 것은 죽음뿐이었습니다. 그렇기 때문에 제사

장은 속죄 제물인 짐승을 죽일 때, 급소를 찾아서 될 수 있으면 고통 없이 죽게 합니다. 왜냐하면 죄의 삯은 사망이므로 제물이 된 짐승은 죽기만 하면 그 역할이 끝나기 때문입니다.

그런데 우리의 속죄 제물이신 예수님은 십자가에서 왜 이렇게 처절하고 끔찍한 고통을 당하셨습니까? 단순히 우리의 죗값만 치르려 하셨다면 이렇게 고통스러운 십자가에 달리실 이유가 없었습니다. 예수님은 우리가 당할 죄의 저주까지 대신 지신 것입니다. 성경은 예수 그리스도께서 우리를 위해 저주를 받았다고 말합니다.

그리스도께서 우리를 위하여 저주를 받은 바 되사

율법의 저주에서 우리를 속량하셨으니 기록된 바

나무에 달린 자마다 저주 아래 있는 자라 하였음이라

(갈라디아서 3:13)

··· 나무에 달린 자는 하나님께 저주를 받았음이니라

(신명기 21:23)

이 신명기의 말씀대로라면 예수님이 십자가에 달리신 것은 예수님이 저주를 받으셨다는 뜻인데, 바로 이 저주는 죄로 인하여 우리가 받아야 할 저주였습니다. 죗값을 치르시고 저주까지 다 떠안으셨던 주님은 "나의 하나님, 나의 하나님, 어찌하여 나를 버리셨나이까"라며 절규했습니다.

우리가 받아야 했던 저주는 여러 가지로 설명할 수 있습니다. 죄와 마귀의 종이 되어 살며, 온갖 질병과 환란 속에서 살고, 살아서는 죽음의 공포 아래에 있고, 죽어서는 영원한 지옥에서 고통당하며, 나에게서 끝나지 않고 이 죗값이 자손들에게 대물림되는 이 모든 것이 다 율법의 저주, 죄의 저주입니다.

이 모든 저주 중 가장 큰 저주가 하나님과의 관계 단절입니다. 하나님과의 관계가 끊어진 사람은 구중궁궐에서 호의호식하고 살아도 그 인생은 비참하다 할 수 있습니다. 모든 선한 것의 근원이신 하나님과 관계가 단절된 사람은 저주의 쓴맛밖에는 맛볼 수 없습니다. 우리가 지금 겪고 있는 모든 고통의 근원은 하나님과의 관계에 문제가 생겼기 때문입니다.

저는 아내만 함께하지 않아도 좋은 음식, 아름다운 경치가 아무 의미가 없는데, 하나님과 관계가 끊어진 사람은 오죽하겠습니까?

버림받은 경험이 있습니까? 혼자인 것 같다고 느낀 적이 있습니까? 예수님께서 십자가에서 당하신 고통이 이와 같이 버림받은 고통이었습니다. 그것도 다른 누구가 아닌 하나님께 버림받았습니다. 사실 있을 수 없는 일이 일어난 것이었습니다. 영원부터 영원까지 성부 하나님과 성자 예수님은 하나였습니다. 단 한 번도 떨어진 적이 없었던 예수님께서 아버지 하나님으로부터 버림받은 것입니다. 그 고통을 조금이라도 이해할 수 있을까요? 우리도 조금은 이해할 수 있습니다. 우리 모두도 버림받은 경험을 해보았을 테니 말입니다.

제가 버림받은 경험 중 하나는 고등학교 입시의 실패 경험이었습니다. 고등학교 입시에 실패하고 서울에 있는 고등학교에 가기 위해 학원에 다니면서 재수를 했는데, 결국은

학제가 추첨제로 바뀌면서 부산에 있는 집으로 내려와야 했습니다. 그때 너무나 억울했고 버림받은 느낌이었습니다.

그 후, 군목 훈련을 받다가 다리가 부러지는 부상을 당하여 퇴교 조치되었습니다. 훈련소에서는 나왔는데 가서 섬길 교회가 없었습니다. 마지막 희망을 품었던 교회에서 거절당하고 수원에서 목회하시던 아버지 집으로 내려오면서 나도 모르게 눈물이 났습니다. 버림받은 느낌이었습니다.

대학원 석사학위를 포기하고 난 다음에도 한참을 버림받은 느낌이 들었습니다. 어느 교회에 가도 누구를 만나도 제가 초라하다는 느낌을 떨쳐버릴 수가 없었습니다.

우리에게는 이처럼 버림받은 고통과 언젠가 또 버림받을지 모른다는 두려움이 내재해 있습니다. 우리는 왜 이런 아픔을 가지고 삽니까? 우리의 죄성으로 인한 저주 때문입니다. 버림받았다고 느끼는 아픔의 근원은 하나님과 관계의 단절입니다. 완전히 끊어지지는 않았지만 하나님과 관계가 아슬아슬한 줄타기처럼 불안합니다. 하나님과의 관계에 확신이 없기 때문에 하나님을 믿지 않는 사람처럼 버림받은 고통을 견뎌 내지 못합니다.

예수 그리스도의 십자가 복음을 믿지 않는 많은 사람은 하나님과의 관계가 끊어진 고통이 얼마나 큰지 깨닫지 못하고 살아갑니다. 늘 그 상태에서 살았기 때문입니다. 하지만 깨닫지 못한다고 고통이 없는 것은 아닙니다. 나이, 문화, 성별, 처지와 관계없이 모든 사람이 이 저주 속에서 방황합니다.

그런데 예수님께서 바로 이 저주를 우리를 대신해 받으셨습니다. 근원적으로 하나님과의 관계가 끊어진 고통, 그것을 주님이 십자가에서 스스로 짊어지고 계신 것입니다. 언제나 함께였고 하나였던 하나님 아버지께서 이 순간만큼은 모든 죄인을 대신하여 형벌을 받아 처참하게 죽어가는 예수님을 철저히 외면하셨습니다. 그러므로 "나의 하나님, 나의 하나님! 어찌하여 나를 버리시나이까?" 하신 이 절규는 사실상 우리를 대신해서 부르짖은 절규였습니다. 우리가 버림을 받아 질러야 하는 비명을 주님이 대신 지르신 것입니다.

"하나님, 나를 버리십니까? 하나님, 나를 버리셨군요!" 우리는 이렇게 소리치며 지옥으로 떨어져야 했습니다. 그곳에는 더는 은혜가 없습니다. 이처럼 우리가 하나님으로부터 끊어짐을 당해야 하는데 예수님이 우리를 대신해 하나님으로부터 끊어짐을 당하신 것입니다.

주님께서 이처럼 저주를 받으셨기에 예수님 안에 있는 우리는 어떠한 형편에서도 하나님으로부터 버림받지 않는 은혜를 누리게 되었습니다. 이 십자가의 은혜를 알게 되면 절대 버림받지 않는다는 확신을 가질 수 있습니다. 이것은 십자가를 통과한 자만이 누릴 수 있는 확신입니다. 십자가를 바라보기만 해서는 여전히 버림받을 것에 대한 두려움과 고통은 해결되지 않습니다.

예수님이 자기 안에 거하시는 것을 아는 사람만이 절대로 버림받지 않는다는 확신을 가질 수 있게 됩니다. 그래서 예수님 안에 있는 자에게는 완전한 절망이 없습니다. 이것은 생각할수록 감사하고 기쁜 일입니다. 이 소망이 우리가 항상 기뻐하고 범사에 감사할 수 있는 힘을 줍니다.

노예 상인이었던 존 뉴턴(John Newton) 목사는 말년에 이런 말을 남겼습니다.

"내 기억은 거의 사라졌다. 하지만 나는 내가 큰 죄인이라는 것과 그리스도가 크신 구주라는 두 가지 사실은 기억한다."

이것이 십자가 속죄함의 은혜를 입은 사람의 증거입니다. 세상 모든 것을 잊게 되더라도 '내가 큰 죄인이라는 것과 그리스도가 크신 구주라는 사실'은 반드시 기억해야 합니다. 안타깝게도 평소에 이것을 기억하지 못하는 사람이 많습니다. 가족과의 관계에서, 교우와의 관계에서 내가 큰 죄인이라는 것과 예수님이 나의 크신 구주라는 것을 기억하면 절대로 지금처럼 살 수 없습니다.

여기에 우리가 져야 할 십자가가 있습니다. 우리를 버림받은 저주에서 구원해 주신 것은 다른 사람들의 저주 같은 외로움을 위로하라는 것입니다. 주님께서 우리가 버림받아야 할 저주를 대신 받으신 것처럼 우리도 버림받고 절망하는 자, 마음이 무너진 자들의 위로자가 되고 기둥과 버팀목이 되어주라는 것입니다. 이것이 우리가 져야 할 십자가입니다.

찰스 콜슨(Charles Colson)의《누가 하나님을 대변하는가》
(정경사, 1992)에 실린 미국의 대법관을 지낸 윌리엄 본트레
이저(William Bontrager)는 이런 십자가를 졌던 사람입니다.

그는 비교적 늦게 예수 그리스도를 영접하였지만, 정
말 하나님 은혜의 감격 속에서 살았습니다. 어느 날, 베트
남전 참전용사였지만 절도 혐의로 체포된 해리 팔머(Harry
Palmer)라는 사람의 재판을 맡게 되었습니다. 그런데 재판하
면서 팔머라는 피고가 구치소에서 복음을 듣고 예수 그리스
도를 영접했으며 그 사람이 정말 변화되었음을 직감적으로
알게 되었습니다. 본트레이저는 판사로서 그를 어떻게 도울
것인지 깊이 고민했습니다. 그 당시의 법을 적용한 판결은
10년 형을 선고하는 것이었지만 그로부터 18일 후에 효력
을 발휘하는 새 법은 같은 죄에 더 낮은 형량을 선고하도록
바뀔 것이었습니다. 또 본트레이저 판사는 '교도소에서 보내
는 10년이라는 시간은 이 사람을 교도하기는커녕 망칠 수도

있다'는 생각에 깊이 고민합니다. 그는 이 문제를 놓고 금식 기도를 하고 난 후 중대한 결단을 합니다. 1년 형과 몇 년간의 사회봉사 명령을 판결했습니다. 이 판결은 너무나 파격적이었기 때문에 문제가 제기되면서 조사가 진행되었습니다. 결국 본트레이저 판사는 대법관 사표를 냈습니다.

1년 후, 해리 팔머가 형을 마치고 출소하는 날, 본트레이저는 팔머를 마중 나갔습니다. 그가 교도소에서 걸어 나오자 본트레이저는 팔머를 안아주었습니다. 팔머는 굵은 눈물을 흘리면서 엎드려 이런 말을 했습니다.

"판사님, 이렇게까지 하실 필요는 없었는데. 판사님, 이렇게까지 하실 필요는 없었는데…."

그때 본트레이저는 그를 향해서 이런 유명한 말을 했답니다.

"이렇게까지라니요. 주님은 형제와 나를 구원하시기 위해 목숨까지 주셨는데요."

그는 굵은 눈물을 떨구며 일어나서 본트레이저의 손을 잡고 이렇게 말했다고 합니다.

"실망시키지 않겠습니다. 최선을 다해서 살아가겠습니다."

실제로 팔머는 직업을 구해 자신에게 피해를 본 사람들에게 빚을 갚았습니다. 그는 최선을 다해서 정말 변화된 삶을 살았습니다.

미국의 대법관은 종신직입니다. 말할 수 없는 명예로운 자리입니다. 그 자리를 한 죄인을 위하여 포기한다는 것은 도저히 이해할 수 없는 일입니다. 그러나 자신에게 부어주신 하나님의 은혜를 깨달은 사람은 바다 같은 은혜를 받고 시냇물 같은 은혜를 흘려보낼 뿐입니다.

이것이 바로 하나님이 우리에게 하신 일입니다. 단순히 우리 자신만을 위해 외로움에서, 버림받음에서 건져내지 않으셨습니다. 하나님은 우리 또한 외롭고 힘들고 고통당하는 사람들에게 위로자가 되고 버팀목이 되어주길 원하십니다. 이것은 우리에게 짐이 아니라 큰 복입니다.

저는 목회하면서 많은 사람을 만났습니다. 극소수이긴 하지만 주님 안에서 신기할 정도로 정말 행복을 누리는 사람도 있었습니다. 하지만 실제로 우리 곁에는 겉으로는 평안해 보이지만 마음 깊은 곳에는 버림받은 아픔, 버림받을지도 모른다는 두려움을 가진 사람들이 참으로 많습니다.

우리가 버림받은 저주에서 먼저 구원받은 것은, 서로가 서로에게 동일한 십자가를 져주게 하기 위해서입니다. 위로하는 사람이 있고 슬픔을 함께 나눌 사람이 있다는 것을 알려 주라는 것입니다. 우리는 버림받았다고 느끼는 사람에게 "교회가 있잖아요?"라고 권면할 수 있어야 합니다. 교회에 가면 기다려주는 사람이 있고, 만나주는 사람이 있고, 기도해 주는 사람이 있고, 위로해 주는 사람이 있고, 함께 울어주는 사람이 있다고 말할 수 있어야 합니다. 그렇게 교회가 어려움을 겪는 사람에게 좋은 곳이 되어 십자가의 은혜를 지켜가야 합니다. 이것이 우리가 져야 할 십자가입니다.

이 말이 힘들게 느껴지는 분은 십자가에서 주님께서 이루신 은혜를 아직 믿음으로 누리지 못하고 있는 것입니다. 우리가 영적으로 얼마나 충만한지는 다른 사람과의 관계에서 드러납니다.

한 부목사님이 설교 중에 '자신이 주님과 얼마나 친밀한 지를 알 수 있는 기준'을 아내가 말해주었다고 했습니다. 그 것은 아이들을 대하는 목사님의 태도라는 것입니다. 목사님 이 주님과 친밀하면 아이들을 따뜻하게 사랑으로 대하고 주 님과 친밀하지 않으면 짜증을 내고 화를 낸다는 것입니다.

우리도 똑같습니다. 우리가 주님과 함께 정말 깊은 은혜 안 에 있으면, 내 저주를 대신 받으신 주님의 은혜를 정말 누리 고 살면, 내 곁에 있는 외로운 사람, 버림받은 사람을 품어주 게 됩니다. 그러나 주님의 은혜 안에 있지 못하면 남에게 도 움을 주기는커녕 자신도 외로움에 무너질 때가 오는 것입니 다. 그것이 현실입니다. 단순히 주님께서 내 저주를 다 맡아 주셨다고 지식적으로 아는 것으로는 충분하지 않습니다. 아 는 것만으로는 진정한 기쁨을 누리지 못합니다. 어떤 문제도 해결할 수 없습니다. 주님께서 우리를 영원히 떠나지 않으시 고 우리와 함께하신다는 것을 지식으로만 알면 내 문제로 인 해 스스로 무너지는 때가 수없이 올 것입니다. 그러므로 우리 는 주님과 친밀히 동행하는 훈련을 계속해 나가야 합니다.

살아가는 동안에 꼭 큰 문제가 생겨서 우리가 무너지는 것은 아닙니다. 주위에 사람이 없어서 외로운 것만은 아닙니다. 성공하지 못해서도 아닙니다. 다 가진 것 같은데도 이상하게 공허하고 외로움에 빠질 때가 있습니다. 하나님도 나를 떠나신 것 같고 외면하시는 것 같은 느낌에 빠질 때가 있습니다. 그런 마음으로 어떻게 다른 사람의 외로움과 절망을 함께 져줄 수 있겠습니까? 우리가 주님과 실제적인 동행의 삶을 살지 못하면 이 말씀은 그냥 듣는 것으로 끝날 것입니다. 주님은 우리와 정말 하나 되기를 원하십니다. 하나 됨을 통해 저주에서 떠나는 은혜를 주시기 원하십니다.

2014년 안식년 때, 6개월을 쉬면서 깜짝 놀랐습니다. 은퇴하고 혼자가 되면 어떤 느낌일지 깊이 느껴졌습니다. 쉬는 것이 행복이 아니었습니다. 아는 사람들과의 관계가 멀어지니 쉬는 것은 고통이었습니다. 그래서 '주 예수님을 붙잡아야겠구나.' 하는 것을 더욱 깨달았습니다.

어느 목사님에게 딸이 하나 있었는데, 어느 날 현관에서

'나 이제 간다.'고 하면서 집을 나가는 소리가 들렸습니다. 그 말을 듣는데 다시는 보지 못할 것 같은 느낌이 들면서 슬픔이 몰려오더랍니다. 목사님은 딸이 어디로 가는지도 몰랐답니다. 언젠가는 딸이 이렇게 내 곁을 떠나게 될 것이라는 마음이 들자 '얼굴이라도 한 번 더 볼 걸.', '사랑한다 하는 말이라도 할 걸.' 하는 생각이 들었습니다.

그런데 이번에는 아내가 아무 말도 없이 가방을 싸들고 나가 엘리베이터를 타더랍니다. 곁에서 '당신 어디가?' 아무리 물어도 대답 한마디 없이 무엇이 바쁜지 정신없이 나가는 모습을 보면서 너무 당혹스러운 중에 잠에서 깼답니다.

꿈이었습니다. 그러나 너무나 생생한 꿈이었습니다. '아, 가족들도 이렇게 헤어질 때가 오겠구나! 그날을 준비하지 않았다가는 큰일이구나.' 하고 깨달았다고 했습니다.

우리 모두에게도 언젠가는 주위 사람들이 다 떠나는 날이 올 것입니다. 그때를 준비하고 있습니까? 하나님은 늘 나와 함께 계신다고 지식적으로 아는 것만으로는 해결되지 않습니다. 정말 나와 함께하심이 믿어져야 합니다. 이 복을 우리는 십자가에서 받았습니다.

주님이 "나의 하나님, 나의 하나님, 어찌하여 나를 버리시나이까" 하는 절규를 외치시며 십자가에서 저주를 받으셨기에 우리는 더 이상 그런 고통을 겪지 않을 수 있습니다. 하지만 예수님과 동행하는 훈련은 계속해야 합니다. 깊은 외로움을 겪으셨고, 진정으로 우리의 외로움을 위로해 주실 주님과 함께하기 때문에 외롭지 않을 수 있어야 합니다. 주님과 더불어 대화하고 주님의 임재하심을 즐기는 법을 배워야 합니다. 이 친밀함은 오늘 결심했다고 오늘 경험되는 것은 아닙니다. 실제적인 교제를 통해 이루어집니다. 이 교제가 없다면 지금 바로 시작해야 합니다.

제 아내와 함께 산 것이 38년을 넘어가고 있습니다. 함께함 안에는 같이 지낸 세월이 주는 친밀함이 있습니다. 1년을 살았을 때, 3년을 살았을 때, 10년을 살았을 때, 38년을 살았을 때 그 친밀감의 정도는 다 다릅니다.

주님과의 관계는 더욱더 그렇습니다. 여전히 주님이 낯설게 느껴지는 때가 있기도 하지만, 예수님과 동행하는 삶을 살며 매일 그 동행을 기록하는 예수동행일기를 쓰며 하루를 돌아보다 보니 어느 순간 주님과 조금 더 깊이 친밀해졌음을 느낍니다.

요한 웨슬리(John Wesley)는 1791년 3월 2일, 런던에서 87세를 일기로 하나님 품으로 돌아갔습니다. 웨슬리가 며칠을 고열에 시달리다가 세상을 떠나기 하루 전에 종이와 펜을 달라고 했는데 쓸 힘이 없는 것을 보고 옆에 있던 사람이 쓰고 싶은 것을 말해준다면 대신 받아 적겠다고 했습니다.

그러자 웨슬리는 "하나님께서 우리와 함께 계신다는 사실 이외에는 아무것도 쓸 것이 없다."(Nothing but that God is with us.)고 말했습니다.

그리고 잠깐 다시 기력이 회복되어 찬송을 부르다가 힘을 모아서 다시 한 번 외쳤습니다.

"가장 좋은 것은 하나님이 우리와 함께 계시는 것이다!" (The best of all, God is with us!)

그리고 주변 사람들에게 "안녕!"(Farewell!)이라 인사하고 평화롭게 숨을 거두었습니다.

웨슬리의 죽음이 아름다운 것은 사랑하는 사람들 곁에 둘러싸여 평화롭게 숨졌다는 것에 있지 않습니다. "가장 좋은 것은 하나님이 우리와 함께 계시는 것이다!"라는 이 마지막 고백에 있습니다.

이제는 더 이상 막연하게 주님을 믿고 교회만 왔다갔다 하는 믿음으로 살지 않기를 바랍니다. 우리는 깊이 있게 주님과 동행할 수 있는 은혜와 복을 받았습니다. 예수님의 십자가에서 더 이상 '외로워질까, 버림받을까' 하는 두려움을 해결 받기 바랍니다. 그리고 외로운 자, 버림받은 자를 위로하고 그들의 버팀목이 되는 사명을 기쁨으로 받길 축복합니다.

설교영상 "저주의 십자가"
youtu.be/ewPWO7XWlg0

† 십자가 대면하기

1. 예수님은 왜 십자가에서 "나의 하나님, 나의 하나님, 어찌하여 나를 버리시나이까?"라고 절규하셨는가?

2. 예수님께서 십자가에서 나의 저주를 짊어지심으로 나와 하나님과의 관계는 어떻게 변화되었는가?

† 십자가 지기

1. 예수님께서 내가 받아야 할 저주를 대신 받으셨고, 나를 외로움과 버림받음의 두려움에서 자유롭게 하셨다. 또 나와 날마다 함께하신다. 오늘 하루, 나와 함께 계신 주님과 어떻게 대화할 수 있는가?

2. 내 주변에 위로와 함께 있어주는 것이 필요한 사람이 있는가? 생각나는 그 사람에게 어떻게 위로와 힘이 되어줄 수 있는가?

"내가 목마르다"

극한 고통을 겪으신
예수 그리스도

가상칠언 5

내가 목마르다
(요한복음 19:28)

십자가상에서 예수님은 말할 수 없는 육신의 고통을 겪으시면서 일곱 마디의 말씀을 하셨습니다. 그 중 육체적 고통을 호소하신 유일한 말씀이 다섯 번째 말씀 "내가 목마르다."입니다. 예수님께서 십자가에서 겪으신 고통이 한둘이 아니실 텐데 왜 목마름만 호소하셨을까요? 목마름은 우리가 겪을 수 있는 고통 중에 어쩌면 가장 약한 것이 아닐까요? 하지만 그렇지 않습니다.

성경을 가만히 읽어보면 예수님의 "목마르다."고 하신 이 표현은 우리가 가지고 있는 인생의 모든 근본 문제를 하나님 앞에 올려드린 것임을 알 수 있습니다. 목마름은 죄로 인하여 우리가 겪어야 하는 모든 고통을 함축하는 것입니다. 예수님께서 구원받을 자들을 초청하실 때에도 '목마른 자들아 다 내게로 오라.'고 표현하셨습니다.

명절 끝날 곧 큰 날에 예수께서 서서 외쳐 이르시되

누구든지 목마르거든 내게로 와서 마시라(요한복음 7:37)

우리에게는 문제가 한둘이 아닙니다. 그것을 하나로 표현한 것이 '목마른 자'입니다. 성경은 지옥의 가장 큰 고통을 목마름이라고 표현했습니다. 나사로와 부자의 이야기에서 지옥에 간 부자가 아브라함에게 간청한 것이 무엇입니까?

아버지 아브라함이여 나를 긍휼히 여기사 나사로를 보내어

그 손가락 끝에 물을 찍어 내 혀를 서늘하게 하소서

내가 이 불꽃 가운데서 괴로워하나이다(누가복음 16:24)

반대로 우리가 천국에서 누리는 은혜는 이런 '목마른 자'에게 값없이 주시는 생명수입니다.

성령과 신부가 말씀하시기를 오라 하시는도다 듣는 자도

오라 할 것이요 목마른 자도 올 것이요 또 원하는 자는

값없이 생명수를 받으라 하시더라(요한계시록 22:17)

예수님께서 십자가상에서 목마르다고 외치신 것은 참으로 놀라운 복음입니다. 우리를 목마름에서 구원해 주시기 위해서 우리의 목마름을 주님이 담당하신 것입니다. 성경에는 목마름에 대한 구절이 너무나 많이 나옵니다. 우리에게 수많은 고통의 문제가 이 근원적인 목마름으로 인한 것이기 때문입니다.

많은 사람이 이 목마름을 해결해 보려고 돈을 벌기 위해 애씁니다. 문제는 아무리 돈이 많아도 이 목마름이 근본적으로 해결이 안 된다는 것입니다. 명예도 건강도 세상 쾌락을 추구하는 것도 결국은 이 목마름을 해소하려고 하는 것입니다. 그러나 이 모든 물질은 아무리 많이 가져도 여전히 부족하며, 명예의 계단은 올라가면 올라갈수록 더 높은 곳이 여전히 존재합니다. 세상 재미와 쾌락도 누려보지만, 목은 점점 더 마릅니다. 끊임없는 갈증보다 더 심각한 고통은 없습니다.

먹어도 배부르지 않고, 마셔도 목이 마른 것이 얼마나 무서운 저주입니까? 우리 인생에는 저주와 같은 끊이지 않는 목마름이 있습니다. 우리는 모두 그 목마름을 경험한 사람들입니다. 십자가에서 주님께서 목마름을 호소하신 것은 우리 모든 인생의 가장 근원적인 문제를 해결해 주시기 위한 것이었습니다. 예수님께서 십자가에서 목마르셨기에 우리가 목마르지 않게 된 것입니다.

내가 곧 생명의 떡이니 내게 오는 자는 결코 주리지
아니할 터이요 나를 믿는 자는 영원히 목마르지 아니하리라
(요한복음 6:35)

예수님을 왜 믿습니까? 단지 우리 죄를 사해주셨기 때문입니까? 그것은 예수님을 믿는 가장 큰 은혜의 일부분만 아는 것입니다. 우리의 죄가 용서함을 받았을 뿐 아니라 더 이상 목마르지 않게 되었음도 알아야 합니다. 그래서 예수님을 진정으로 만난 사람은 더 이상 세상 성공에 연연하지 않게

됩니다. 성공에 목마르지 않기 때문입니다. 예수님 안에 거하면 가난해도 내면에 만족이 생깁니다. 몸이 병든 것도 기쁘게 여길 수 있는 강함이 생깁니다.

저도 한때 칭찬에 목을 매고 살았습니다. 끊임없이 사람들의 평가에 연연했습니다. 부끄럽게도 목회하면서 얼마나 경쟁심으로 사역했는지 모릅니다. 이 갈증이 예수님을 만나고 해결되었습니다. 좋은 평가가 없어도 이유 없는 비난을 받아도 이제는 크게 흔들리지 않게 되었습니다. 그것 때문에 죽겠다는 마음도 없습니다. 이제는 더 이상 경쟁하는 마음이 사라졌습니다. 오직 하나의 동기가 남았는데 '하나님 아버지를 기쁘게 하는 것' 뿐입니다.

스데반이나 사도 바울은 세상 기준으로 볼 때 행복할 이유가 전혀 없는 사람이었습니다. 스데반은 돌에 맞아 죽었고, 사도 바울은 평생 고난의 세월을 보내고 마지막에 도끼로 목이 베어 순교했습니다. 그런데 성경에서 만나는 스데반과 사도 바울은 얼마나 행복한 사람들이었습니까? 예수님의 십자가 은혜 때문에 그렇게 살 수 있었던 것입니다.

예수님이 십자가상에서 '내가 목마르다.'라고 하신 말씀은 우리에게는 더 이상 목마름이 없다는 말씀입니다. 다른 어떤 것이 아니라, 오직 예수님만으로 목마르지 않게 되었습니다. 이것이 예수님께서 십자가에서 허락하신 은혜입니다. 예수님은 우리를 더 이상 세상의 것에 목마르지 않게 하십니다.

우리가 매일 마시는 물도 결국은 다시 갈증을 불러옵니다. 하지만 예수님의 피는 참된 음료로 우리에게 다시는 목마르지 않게 합니다. 우리가 먹는 밥은 아무리 많이 먹어도 결국은 다시 배고픕니다. 우리의 참된 양식은 예수님입니다. 주님이 말씀하십니다.

내 살은 참된 양식이요 내 피는 참된 음료로다(요한복음 6:55)

주님의 십자가의 놀라운 은혜를 받았으면 이것을 누려야 합니다. "예수님 한 분이면 충분합니다.", "이제는 만족하니다.", "내게 부족함이 없습니다.", "주님만 찬양합니다.", "주님만 붙잡고 갑니다." 이런 고백으로 살아야 진짜 구원받은 자의 삶인 것입니다. 이렇게 살면 우리를 무너뜨릴 것이 없습니다. 그러나 이런 은혜를 받고도 여전히 목마름에서 벗어나지 못하는 이들이 많습니다.

제가 아는 분 중에는 오랜 연단의 시간을 지나고도 부정한 방법으로 사업을 시작해 구속된 장로가 있었습니다. 뇌물을 받아 퇴직하게 된 권사가 있었습니다. 목회 스트레스 때문이라며 여자 집사와 불륜에 빠진 목사가 있었습니다. 경제적으로 어렵다고 술집에서 일하는 여자 집사도 있었습니다.

십자가의 은혜가 이것밖에 안 됩니까? 돈과 성적인 문제도 이길 힘이 없는 은혜입니까? 우리가 살아가는 동안 힘든 일, 어려운 일, 답답한 일이 많이 있습니다. 또 앞으로도 있을 것입니다. 하지만 기억해야 합니다. 예수님은 십자가상에서 이미 우리를 구원하셨고, 우리의 목마름을 이미 해결하셨다는 것을 기억해야 합니다.

이런 문제는 어느 한 성도의 문제가 아닙니다. 교회도 마찬가지입니다. 교회 재정이 어려워지자 당장 선교사 후원부터 줄이기로 결의한 교회도 있습니다. 교회에서 어떤 시험이 들었다고, 일이 너무 많다고 교회 사명을 내려놓은 직분자도 있습니다.

예수님이 십자가에서 그 근원적인 목마름을 해결하셨는데 "주님, 한 분만으로 충분합니다."라고 고백하는 믿음이 아니라면 우리는 그동안 예수님의 십자가를 구경만 한 것입니다. 복음은 그저 듣고 아는 지식일 뿐이었습니다.

예수님의 십자가를 구경만 해서는 목마름을 해결할 수 없습니다. 사과에 대하여 아무리 많이 공부하면 무슨 소용이 있습니까? 사과를 한 번도 먹어보지 못했다면 사과를 안다고 할 수 없을 것입니다.

예수님의 십자가는 바라보라고 있는 십자가가 아닙니다. 우리는 주님의 십자가 안으로 들어가야 합니다. 주님이 목마르셨습니다. 그것은 나를 위한 목마름이었고, 우리 모두를 위한 목마름, 인생이 가지고 있는 모든 근원적인 목마름이었습니다. 그리고 그것을 주님은 자신이 오롯이 담당하셨습니다. 그 결과 우리는 이제 더 이상 목마르지 않습니다.

요한복음 7장 37-38절에서 예수님은 우리의 목마름을 해결해 주시겠다고 하셨습니다.

명절 끝날 곧 큰 날에 예수께서 서서 외쳐 이르시되
누구든지 목마르거든 내게로 와서 마시라
나를 믿는 자는 성경에 이름과 같이 그 배에서
생수의 강이 흘러나오리라 하시니

이 말씀이 십자가에서 이루어졌습니다. 그리고 이 말씀 속에는 예수님께서 우리 대신 십자가에서 목마르심으로 인해 우리가 받은 은혜와 사명이 있습니다.

은혜는 더 이상 목마르지 않게 되었다는 것입니다. 곧 목마름이 없는 인생이 된 것입니다. 주님은 우리에게 분명히 약속하셨습니다.

여전히 목마르십니까? 주님께로 나아가십시오. 더 이상 목마르지 않을 은혜를 주님이 분명히 약속하셨습니다.

우리가 져야 할 십자가, 곧 우리의 사명은 우리에게서 생수의 강이 흘러나가는 것입니다. 주님은 우리에게 "이제는 만족합니다.", "예수님 한 분이면 충분합니다.", "내게 부족함이 없습니다." 하는 은혜만 주신 것이 아닙니다. 우리에게서 생수의 강이 흘러나가 목말라 죽어가는 자들이 해갈되어 살고 회복되고 행복하도록 십자가에서 목마르셨던 것입니다. 이제 우리가 져야 할 십자가는 우리 각 사람이 생수의 강이 되는 것입니다.

이 생수의 강은 우리 안에 오신 성령을 의미합니다. 그러므로 성령을 모시고 사는 사람은 자신의 목마름이 해결되었으며 타인의 목마름을 위해 생수의 강을 흘려보내는 사람입니다. 예수님으로 인해 내가 행복하고 나 때문에 주위의 모든 사람이 행복해지는 은혜를 모든 그리스도인이 반드시 누려야 합니다.

사도 바울은 이렇게 고백합니다.

> 또 수고하며 애쓰고 여러 번 자지 못하고 주리며 목마르고 여러 번 굶고 춥고 헐벗었노라(고린도후서 11:27)

사도 바울은 자신의 목마름이 해결된 사람이었습니다. 그런데 '목말랐다'라고 했습니다. 사도 바울의 그것은 아직 구원받지 못한 사람들을 위한 목마름이었습니다. 그리고 이것이 사도 바울의 십자가였습니다.

사도 바울과 마찬가지로 이것이 예수 믿는 성도의 삶이어야 합니다. 우리는 더 이상 목마르지 않습니다. 하지만 남편, 아내, 자식들을 위해서, 아직도 예수 믿지 않는 이웃을 위해서, 이 나라와 세상을 위해서 하나님께 목마른 심정으로 중보기도 해야 합니다. 예수님이 우리의 목마름을 대신 지신 것처럼 우리도 세상을 위해, 다른 사람을 위해서 대신 목말라야 합니다. 이것이 바로 목마른 세상을 향해 우리가 져야할 십자가입니다. 우리가 주님 앞에 목말라 기도할 때 우리 안에서 생수의 강이 흘러나갑니다.

우리는 무엇보다 먼저 하나님 나라가 이 땅에 임하기를 기도해야 합니다. 민족의 통일과 북한 주민들, 억류된 주의 종들과 지하 기독교인들을 위해 기도해야 합니다. 한국 교회를 위해 기도해야 합니다. 이것은 나 자신의 목마름이 아닙니다. 하나님을 위한 목마름이요, 세상을 향한 목마름입니다.

이렇게 세상과 다른 사람들을 향해 목말라 기도하는 사람과 가정과 교회가 얼마나 복이 되겠습니까? 하나님이 보시면 어떤 느낌이겠습니까? 이것을 깨닫는 것이 은혜입니다.

사람들이 모두 똑같은 목마름을 지닌 것은 아닙니다. 무엇에 대해 주리고 목마른지에 따라 그 개인은 물론이요, 그가 속한 공동체와 국가의 역사가 달라집니다.

당신은 무엇에 목마릅니까? 여전히 먹고 사는 문제, 자존심과 명예, 육신과 세상에서의 욕망을 채우기 위한 목마름을 겪고 있습니까? 예수님을 믿고, 주의 종으로 살면서도 아직도 그것이 문제입니까? 아니면 영원한 생명, 영원한 진리, 영원한 사랑과 영원한 구원에 대해 목마릅니까?

시편 42편 1-2절 말씀을 보면 시인은 주님을 찾기에 갈급하다고 고백했습니다.

하나님이여 사슴이 시냇물을 찾기에 갈급함 같이
내 영혼이 주를 찾기에 갈급하니이다
내 영혼이 하나님 곧 생존하시는 하나님을 갈망하나니
내가 어느 때에 나아가서 하나님 앞에 뵈올꼬

다윗도 주를 향해 목마르다고 노래했습니다.

하나님이여 주는 나의 하나님이시라 내가 간절히 주를 찾되

물이 없어 마르고 황폐한 땅에서 내 영혼이 주를 갈망하며

내 육체가 주를 앙모하나이다(시편 63:1)

다윗이 그냥 믿음의 다윗이 된 것이 아니었습니다. 오직 하나님 아버지를 간절히 갈망함으로써 3천년이 지난 오늘날까지 우리 모두의 신앙의 본보기가 되고 있는 것입니다.

아모스 선지자는 하나님의 말씀을 듣지 못함을 기갈이라고 했습니다.

주 여호와의 말씀이니라 보라 날이 이를지라

내가 기근을 땅에 보내리니 양식이 없어 주림이 아니며

물이 없어 갈함이 아니요 여호와의 말씀을

듣지 못한 기갈이라 사람이 이 바다에서 저 바다까지,

북쪽에서 동쪽까지 비틀거리며 여호와의 말씀을 구하려고

돌아다녀도 얻지 못하리니 그 날에 아름다운 처녀와

젊은 남자가 다 갈하여 쓰러지리라(아모스 8:11-13)

예수를 믿고도 여전히 목마름이 해결되지 않는 사람이 많은 것은 참으로 안타까운 일입니다. 정말 젖도 못 먹고 자란 짐승처럼 먹는 것 가지고 싸우고, 자기 것 챙기고, 권위만 주장하고, 계속 움켜쥐려고 으르렁거리는 사람이 있습니다. 목사님들 중에도 많습니다. 교회에서 열심히 봉사하는 교회 중직자 중에도 있습니다. 놀라운 일입니다. 계속 '나', '나'만을 외칩니다. 예수님은 생각도 안하고 삽니다. 예수님을 믿고도 여전히 영적 목마름이 해결되지 않은 것입니다.

이유가 무엇입니까? 내 목마름을 해결하신 주님, 내게 세상을 향한 목마름을 부어주신 주님과 동행하는 삶을 살지 않았기 때문입니다. 이것이 두려운 일입니다. 이제 그 목마름에서 벗어나야 합니다. 하나님 나라를 위해 목마르고, 민족을 위해 목마르고, 교회를 위해 목마르고, 다른 사람을 위해 목마른 것이 엄청난 복임을 알아야 합니다.

만약 성령을 모시고 사는데도 생수의 강이 자신에게서 흘러나가지 않고 있다면 자신이 성령의 역사를 가로막고 있는지 살펴봐야 합니다. 우리가 성령께 순종하기 시작하면 자연히 우리에게서 생수의 강이 흘러나가게 됩니다. 이것을 통해 하나님의 말씀이 우리 가운데 이루어지는 것을 경험하게 됩니다.

중국 교회는 많은 고난을 지나왔고 지금도 지나고 있습니다. 고난의 때를 지나며 중국 교회는 하나였습니다. 믿음의 형제자매들이 감옥에 함께 갇혀 있으면서 교제하고 신뢰하는 법을 배웠습니다. 그리고 출옥한 후에는 복음의 진보를 위해 함께 일했습니다. 초창기에 그들은 진정으로 연합했습니다. 고난이 중국 교회의 모든 분파적인 장벽을 헐어버렸던 것입니다. 그러나 외국 선교단체로부터 신학서적들과 물자들이 오기 시작하면서 중국의 가정교회들이 분열하게 되었습니다. 불과 1, 2년 사이에 10개 파에서 12개 파로 조각나버렸습니다. 이 문제 때문에 중국 교회 각 분파 지도자들이 모였습니다.

모임이 있기 전 날, 한 형제가 예언을 받았습니다.

"모임을 가질 때, 곧바로 그들과 대화를 시작하려 하면 안 된다. 처음부터 함께 기도하려고 하지 말고, 가장 큰 분파의 지도자가 다른 분파 지도자들이 들어오면 무릎을 꿇고 한 사람씩 돌아가며 모두 발을 씻겨주어야 한다."

그러나 막상 모임이 시작되자 그렇게 시작하지 못했습니다. 분위기가 점점 심상치 않게 돌아가더니 급기야 시장판처럼 모든 사람이 각기 다른 문제로 떠들썩거렸습니다. 과거의 많은 상처가 다시 드러났고, 분파 간의 거리는 이전과 마찬가지로 멀게 느껴졌습니다.

"이 모든 대화가 시간 낭비에 불과합니다. 각자 기도하고 모임을 마치도록 합시다!"

그때 가장 큰 분파의 지도자인 수 형제가 눈을 감은 채 기도를 하고 있는 장 형제 앞에 무릎을 꿇고 살며시 그의 신발과 양말을 벗기기 시작했습니다. 눈을 뜬 장 형제는 소스라치게 놀랐습니다. 그 후 장 형제는 울음을 터뜨리며 수 형제를 뜨겁게 끌어안았습니다. 곧이어 수 형제의 아내가 따뜻한 물동이를 가지고 와서 장 형제의 아내의 발을 씻기기 시작했습니다. 두 사람은 무릎을 꿇은 채 껴안고 울었습니다. 13년간

쌓여온 쓰라림과 시기심과 그릇된 소문이 씻겨나갔습니다.

방에 있는 모든 사람이 주님의 자비와 용서를 구하기 시작했습니다. 지도자들이 한 명씩 돌아가며 죄를 고백했습니다. 참으로 감동적인 시간이었습니다. 그 은혜의 자리 곳곳에 눈물의 웅덩이가 생겼습니다. 그날부터 이들 두 분파는 가능한 곳이라면 어디서든 함께 사역하기로 약속했습니다. 하나님의 사랑이 이들의 가슴을 온전히 점령한 것입니다.

우리의 답은 우리의 모든 목마름을 다 책임지신 예수님 안에 있습니다. 그 예수님이 우리 안에 생수의 강으로 오셨습니다. 그래서 해결 안 될 문제는 없습니다. 우리가 더 이상 나를 위해 목마르지 않고 주님을 위해 목마르고, 교회를 위해 목마르고, 내 옆에 있는 사람을 위해 목마르면 반드시 생수의 강이 흘러넘칩니다. 그것이 예수님 안에서 누리는 생명이고 가장 큰 복입니다.

주님께서 십자가 위에서 '내가 목마르다.' 절규하시며 우리의 굶주림과 목마름을 대신 지셨음을 반드시 믿으시기 바랍니다. 우리에게 오셔서 생수의 강이 되어 주위 사람들에게 해 갈의 은혜를 주시려 하심도 믿으시기 바랍니다. 우리는 이제 하나님을 위하여, 세상을 위하여, 다른 사람을 위하여 목말라 하는 예수 그리스도의 제자들이 되어야 합니다. 그때 우리의 인생도, 우리의 가정도, 우리의 교회도 우리나라도 바로 세워 질 수 있습니다.

　명절 끝날 곧 큰 날에 예수께서 서서 외쳐 이르시되
　누구든지 목마르거든 내게로 와서 마시라
　나를 믿는 자는 성경에 이름과 같이 그 배에서
　생수의 강이 흘러나오리라 하시니(요한복음 7:37-38)

이 말씀이 우리 각자에게 이루어질 것입니다.

설교영상 "고통의 십자가"
youtu.be/iVTgpu8-Uqs

† 십자가 대면하기

1. 나의 내면을 솔직히 들여다볼 때 나는 어떤 목마름을 해소하기 위해 살고 있는가? 내가 가장 목말라하는 것은 무엇인가?

2. 나는 "예수님 한 분으로 충분하다."고 고백할 수 있는가? 아니라면 나는 왜 예수님으로 만족하지 못하는가?

† 십자가 지기

1. 예수님이 나의 목마름을 모두 담당하셨기 때문에 나는 이제 더 이상 목마르지 않는 은혜를 받았다. 그럼 나의 하루는 예수님 안에서 어떻게 바뀌어야 하는가?

2. 생수의 강이 되어 주위 사람과 내가 속해 있는 공동체에 갈등을 해소하는 것이 내가 질 십자가다. 그리고 나는 기도를 통해 생수의 통로가 될 수 있다. 오늘 내가 기도할 제목은 무엇인가?

가상칠언 6

"아버지 내 영혼을
아버지 손에 부탁하나이다"

믿음의 주,
예수 그리스도

가상칠언 6

아버지 내 영혼을
아버지 손에 부탁하나이다

(누가복음 23:46)

예수님께서 십자가에서 죽음의 순간이 왔음을 깨닫고, 큰 소리로 하나님을 부르신 후 "아버지 내 영혼을 아버지 손에 부탁하나이다"라고 기도하셨습니다.

우리는 예수님의 이 기도에서 '아, 이제 예수님의 고통이 끝나는구나!'라고만 생각해서는 안 됩니다. 이 말씀에는 고통의 끝을 넘어서는 더 큰 은혜, 말할 수 없는 큰 은혜가 담겨있습니다. 예수님의 이 기도는 우리의 눈을 열어 하나님 나라가 있음을 보게 해줍니다. '죽으면 끝이 아니다.', '우리에게는 영혼이 있으며 영생이 있고 영원한 세상이 있다.'는 선언입니다.

우리는 세상을 살면서 내게 영혼이 있다는 것을 잊고 살 때가 많습니다. 장례식에 가면 육신이 죽은 것만 슬퍼하지 그 영혼이 어디로 갔는지 바라보지 못하는, 영혼의 눈이 열리지 않은 사람들을 많이 만납니다. 사람들은 사고가 생기고 재난이 일어나면 죽은 사람의 시신이라도 찾으려고 애를 씁니다. 그러나 육신과 비교할 수 없는 귀한 영혼은 어떻게 되었는지 전혀 관심이 없습니다. 건강을 잃어버리고, 돈을 잃어버리고, 친구를 잃어버리는 일은 중요하게 생각하면서 자기의 영혼을 잃어버리는 것에 대해서는 전혀 생각하지 않습니다.

주님께서 이 마지막 기도를 드렸을 때 우리의 영혼도 하나님께 맡겨졌습니다. 왜냐하면, 하나님께 영혼을 맡기신 예수님이 우리 안에 오셨기 때문입니다. 우리 영혼은 이제 아버지 하나님의 손에 있습니다. 이것은 우리가 영원토록 하나님과 함께한다는 것을 의미합니다. 또한 예수님 안에서 우리가 누리는 엄청난 복입니다. 이 복으로 인해 우리는 예수님과 연합한 자가 되었고 예수님이 우리 안에 임하셨습니다. 그래서 마귀가 구원받은 성도의 육신을 칠 수는 있지만, 영혼은 건드릴 수 없는 것입니다.

하나님께로부터 난 자는 다 범죄하지 아니하는 줄을
우리가 아노라 하나님께로부터 나신 자가 그를 지키시매
악한 자가 그를 만지지도 못하느니라(요한일서 5:18)

여기서 '악한 자가 만지지도 못한다'라는 것은 마귀가 우리 육신이나 삶에서 아무 영향도 끼치지 못한다는 게 아닙니다. 마귀가 우리를 사람의 손에 넘기기도 하고 우리를 질병으로 치기도 하고 죄인의 손에 팔기도 하며 여러 방법으로 우리의 육신에 고난을 줄 수 있습니다. 그러나 우리 영혼만은 건드릴 수 없습니다. 요한복음 10장 28절에서 이에 대해 이렇게 말합니다.

내가 그들에게 영생을 주노니 영원히 멸망하지 아니할 것
이요 또 그들을 내 손에서 빼앗을 자가 없느니라

욥기에서도 하나님께서 욥에게 온갖 시험을 다 허락하시면서 '그의 생명만은 다치지 말라.'고 하시는 것을 볼 수 있

습니다.

여호와께서 사탄에게 이르시되 내가 그를 네 손에 맡기노라 다만 그의 생명은 해하지 말지니라 (욥기 2:6)

이 은혜를 우리가 예수님 안에서 다 받고 있습니다. 욥기를 읽으면서 궁금한 것이 하나 있었습니다. 욥의 고난이 다 끝났을 때 하나님은 그가 잃었던 모든 것을 두 배로 주셨다고 했습니다. 양 7천 마리, 낙타 3천 마리, 황소와 나귀를 5백 마리씩 잃었지만, 고난 후에는 각각 그 두 배를 얻었습니다. 그런데 아들 일곱과 딸 셋을 잃었는데, 고난 후에도 똑같이 아들 일곱과 딸 셋을 주셨습니다. 자녀만큼은 두 배로 주지 않으셨습니다. 왜일까요?

마귀가 욥의 열 남매를 다 죽였지만, 그 아들과 딸의 영혼은 하나님과 함께 있었기 때문입니다. 비록 육신은 죽었지만, 영혼을 해하지는 못했던 것입니다. 아버지 품에 있는 자녀들과 다시 주신 열 남매를 합하면 자녀도 배가 됩니다. 이것을 통해 우리가 죽으면 영혼이 정말 하나님의 품에 있음을 알 수 있습니다. 마귀가 우리 몸을 죽일 수 있을지 모르지만, 우리 영혼은 절대 손을 대지 못합니다.

예수님도 말씀하셨습니다.

몸은 죽여도 영혼은 능히 죽이지 못하는 자들을
두려워하지 말고 오직 몸과 영혼을 능히
지옥에 멸하실 수 있는 이를 두려워하라(마태복음 10:28)

우리 영혼에 대한 모든 주권은 하나님이 가지고 계십니다. 예수를 믿는 우리는 더는 마귀가 마음대로 할 수 없는 존재가 되었습니다. 우리는 참으로 놀라운 은혜 앞에 서 있습니다. 내 영혼을 아버지 하나님이 다 책임지신다는 복을 받았습니다. 이 놀라운 확신을 분명히 가져야 합니다. 주님의 이 마지막 기도를 통해 하늘 문이 우리에게 활짝 열렸습니다.

그렇지만 예수님을 믿는다고 하는 사람들 중 이 사실을 처음 들은 사람은 없을 것입니다. 우리는 모두 영생이 있고 죽으면 우리 영혼이 하나님께 간다는 것을 다 알고 있습니다. 이 지식은 우리에게 새롭지 않습니다. 그렇기에 오늘 십자가의 예수님을 바라보면서 정말 눈을 떠야 할 것이 있습니다.

예수님이 "아버지, 나의 영혼을 아버지 손에 부탁합니다." 하고 드렸던 이 기도는 100세의 장수를 누리고 편안히 제자들 품에서 운명하면서 드렸던 기도가 아니라는 점을 기억해야 합니다. 십자가에 달려 말할 수 없는 고통을 겪으신 상태에서 드린 기도입니다. 우리가 진정으로 내 영혼이 영원히 가서 살 하나님 나라와 그곳에 계신 하나님을 향한 눈이 뜨이면, 그리고 그 나라를 향한 소망을 품으면 우리의 삶은 완전히 달라집니다. 결코 똑같을 수 없습니다. 우리가 생각하는 복의 개념이 완전히 달라집니다. 그래서 예수님의 십자가가 정말 복의 자리임을 깨닫게 됩니다.

예수님께서 왜 이토록 이 세상이 전부가 아니며, 우리에게는 영혼이 있고 그 영혼이 갈 영원한 하나님 나라가 있음을 보여주시려고 하십니까? 우리가 이 세상을 사는 동안 진짜 복 있는 삶이 무엇인지 가르쳐주시려는 것입니다.

육신이 편안하게 잘 지내는 것이 꼭 그 영혼의 복됨을 의미하는 것은 아닙니다. 복에 대한 우리의 생각이 바뀌어야 합니다. 하나님께서 왜 우리에게 하나님 나라의 눈을 열어주셨을까요? 왜 영혼이 있다는 것을 알게 하셨을까요? 진짜 중요한 복을 깨닫게 하기 위해서입니다.

예수님은 제자들에게 "자기를 부인하고 자기 십자가를 지고 나를 따르라. 좁은 문으로 들어가라. 고난을 받으라. 섬기는 종이 돼라. 가진 것을 남에게 주라. 원수를 위해서 기도하라."고 하셨습니다. 보통의 선생님이라면 제자들에게 편안하게 대접받고 잘되고 성공하는 길을 가라고 해줄 것입니다. 그러나 주님은 너무나 당당하게 "누구든지 자기를 부인하고 자기 십자가를 지고 나를 따르라."고 하십니다. 이런 말을 하시면서 조금은 미안해하셔야 하지 않겠습니까? 간곡히 부탁하셔야 하지 않겠습니까?

그런데 주님은 제자들 뿐 아니라 우리에게도 동일하게 당당하게 요구하고 명령하십니다. 그것 때문에 당황하고 주님을 따르는 데 주저하는 이들이 많습니다. 하지만 예수님의 의도를 이해하면 새롭게 이 말씀을 볼 수 있습니다. 예수님은 우리에게 복을 주시고 싶어 하십니다. 하지만 이 세상의 가치관으로는 예수님께서 주시려는 복을 이해할 수 없습니다.

부자 청년이 영생을 사모해 주님 앞에 왔습니다. 예수님께서 그 청년에게 모든 재산을 가난한 자들에게 다 나누어 주고 주님을 따르라고 하셨습니다. 그렇게 하면 "하늘의 보화가 많을 것이다."라고 말씀하셨습니다. 그러나 부자 청년은 그것이 시험이 되어 떠났습니다. 그 청년에게는 영생에 대한 지식도 있고 갈망도 있었지만, 세상 재물이 더 크게 보였던 것입니다. 하나님 나라의 영광은 보지 못한 것입니다.

우리는 영생도 알고 천국도 알고 영혼이 있다는 것도 압니다. 부자 청년도 알았습니다. 그런데 그 아는 것이 믿음으로 이어지지 않았습니다. 재산을 나눠주는 것이 어려운 일입니까? 어떤 사람에게는 절대 안 되는 어려운 일입니다. 부자 청년도 그랬습니다. 영생을 포기하더라도 재산이 중요했습니다.

교회 안에도 이런 사람이 얼마나 많습니까? 여전히 세상을 더 좋아하는 사람들이 있습니다. 영생과 하나님 나라에 대하여 알고 있는 것이 그가 진정 소망을 가진 자라는 증거가 아님을 알 수 있습니다. 반면에 삼층천에 올라가 보았던 사도 바울에게는 세상 성공이 배설물처럼 보였습니다. 이것이 진짜 믿음입니다.

정말 하나님 나라에 대한 완전한 눈이 뜨이셨습니까? 자신이 정말 예수님을 잘 믿는지를 알 수 있는 중요한 척도 중 하나는 세상의 모든 성공이 배설물처럼 보이고 주님을 위한 고난이 복이라 믿어지고 '죽음도 두렵지 않다.'라고 고백할 수 있는 것입니다.

이런 믿음을 가졌습니까? 우리 영혼이 하나님의 손에 있음을 믿게 되는 순간 우리는 다른 사람이 됩니다. 보화를 발견한 농부처럼 기쁨의 사람이 됩니다.

난민이나 외국인 노동자가 한국 국적을 얻게 된 날, 미국, 캐나다, 호주에 사는 교민이 그 나라 시민권을 얻게 된 날, 그들이 얼마나 기뻐합니까?

우리가 하나님 나라에 눈이 뜨이면 세상 나라의 국적을 얻는 것과는 비교할 수 없는 기쁨이 있습니다. 하나님 나라의 시민권을 얻은 기쁨입니다. 자신의 영혼이 하나님 아버지께 있는 기쁨입니다. 하나님 나라가 자신의 나라가 됩니다. 이것이 믿어지면 세상의 그 어떤 기쁨도 비교할 수 없게 됩니다. 이 기쁨을 누릴 가장 큰 증거는 십자가의 고난을 두려워하지 않는 것입니다. 이것이 가장 놀라운 변화이고 믿음이며 우리가 져야 할 십자가입니다.

저는 목회자의 길이 고난의 길이라고만 알았지, 영광의 길이라는 확신이 없었습니다. 그때가 목회자의 아내였던 저의 어머님이 돌아가신 직후였습니다. 그래서 제 아내에게 프러포즈다운 프러포즈를 하지 못하였습니다. "내가 가는 길

은 고생길이다."라는 생각뿐인데, 어찌 아내가 되어달라고
간청할 수 있었겠습니까.

제 아내의 아버지 역시 목사였는데, 아내가 고3 때 간암
으로 세상을 떠나셨습니다. 아내 역시 목회자의 아내가 된
다는 것이 얼마나 어려운 길인지 알고 있었습니다. 그때 저
나 제 아내가 고난에 대한 준비가 되어 있었던 것은 아니었
습니다. 그저 운명처럼 받아들였다고 해도 과언이 아니었을
것입니다.

그러나 주님은 달랐습니다. 제자들을 고난의 길로 부르실
때 조금도 주저함이 없으셨고, 오히려 복의 길로 부르시는
것처럼 강권하셨습니다. 이것은 고난의 길, 십자가의 길이
진정한 복의 길이라는 반증입니다. 주님께서 우리 영혼이 갈
하나님 나라를 바라보고 계셨기에 그렇게 하신 것입니다.

베드로 사도는 "믿음의 결국 곧 영혼의 구원을 받음이
라."(베드로전서 1:9)고 했습니다. 믿음의 결국을 알게 되면, 곧

영혼의 존재를 알게 되면 우리 인생의 목적지가 분명해집니다. 인생의 목적지가 분명한 것이 얼마나 귀한 복인지 모릅니다. 모든 고민에서 구원받는 것입니다. 목적지가 분명해지면 좁은 길이든, 험한 길이든 문제가 안 됩니다. 목적지를 향해 가기만 하면 되기 때문입니다. 그 어떤 길도 편안한 마음으로 갈 수 있습니다.

목적지가 없는 사람은 얼마나 비참합니까? 그런데 하나님께서 우리 인생길에 분명한 목적지를 주셨습니다. 이 세상에서 우리가 다양한 삶을 살아가지만 결국 우리가 가야 할 길은 하나님 나라입니다. 예수님께서 여섯 번째 말씀에서 그것을 분명히 보여주셨습니다. 우리의 삶이 완전히 달라집니다. 이것이 믿음이고 우리가 져야 할 십자가입니다.

성 바울 대성당의 주임 사제였던 존 던(John Donne)은 17세기 런던에서 페스트가 극에 달했던 몇 년 동안 수백 명의 장례를 치러주었습니다. 자신도 결국 그 병에 걸려 죽음 앞에 이르렀을 때 그는 담대하게 외쳤습니다.

"죽음아, 교만을 떨지 마라! 어떤 이들이 너를 가리켜 강하고 두려운 존재라고 불렀지만 너는 그런 존재가 못 된다. 짧은 잠이 한번 지나면 우리가 영원히 깨어날 것이니 너는 더 이상 없을 것이다. 죽음아, 네가 죽을 것이다!"

하나님 나라에 대한 소망을 가졌다면, 진짜 그것이 사실이라면, 우리에게는 육신만 있는 것이 아니고 영혼도 있습니다. 그리고 우리 영혼을 하나님의 것이라고 예수님께서 도장 찍어주셨습니다. 이것을 정말 믿을 때 우리는 죽음도 두렵지 않게 됩니다.

더 이상 세상에서 부유하게 살기 위해, 문제를 해결 받으려고 예수님을 믿지 않기를 바랍니다. 예수님을 믿고도 계속 방황하고 갈등하고 자신도 힘들고 남도 힘들게 하는 것은 그 때문입니다. 그것은 진정 예수님을 믿는 것이 아닙니다. 여전히 고난을 두려워하고 순교를 겁내는 교인들이 많습니다. 그러나 고난 앞에서 갈등하고 타협하고, 주저하지 말아야 합니다. 우리가 진정 걱정할 일은 고난이 두렵다고 육신의 편안함만 추구하다가 하나님 앞에 가는 것입니다. 우리는 이미 세상이나 육신과는 비교할 수 없는 영혼의 구원을 받았음을 기억해야 합니다.

평생 유복하고 편하게 사셨던 장로님이 계셨습니다. 이 장로님이 돌아가실 때가 되었는데, 날마다 회개기도를 하고 지내신다는 말을 듣고 담임목사님이 심방을 가서 물어보았답니다.

"장로님처럼 복되고 편안하고 부족함이 없이 잘 사신 분이 무슨 회개할 것이 그렇게 많으십니까?"

장로님이 이렇게 대답했답니다.

"하나님 앞에 갈 것을 생각하니 평생 고생과 고난은 피해 다니기만 한 것 같아서 두렵습니다."

주님께서 고난의 길로 인도하실 때, 피하지 마십시오. 하나님 나라 백성이 이 세상에서 겪는 고난을 당연하게 여기고 두려워하지 말고 믿음으로 나아가야 합니다. 모든 짐을 벗어버리면 훨훨 날아다닐 것 같지만, 하고 싶은 대로 하고 마음대로 살다보면 쓸쓸히 가슴을 치는 신세로 전락하고 맙니다.

영혼을 하나님께 맡겼는데 이 세상에서 겪는 고통이 두려울 것이 무엇입니까? 하나님께서 고난을 주신다면 반드시 그렇게 하시는 이유가 있습니다.

필립 얀시(Philip Yancey)가 그의 책에서 한 여자 분의 이야기를 소개했습니다.

평소에는 신앙에 조금도 관심이 없던 사람이었는데, 몇 달간 암으로 고통을 겪고 나서 그리스도를 영접하고 주님과 함께하는 놀라운 은혜를 경험했습니다. 그녀는 말기 암의 고통 속에서도 그의 삶을 간증했습니다. 죽음을 앞두고 영광 속에서 이렇게 외쳤습니다.

"오, 하늘이 보인다. 거기서 예수님이 나를 기다리고 계신다."

그녀는 성자의 미소를 지으며 죽음을 맞이했습니다.

필립 얀시는 이렇게 말했습니다.

"마치 암이 그녀의 영혼을 구한 것 같습니다. 그녀는 고난을 통해 온전해졌습니다. 물론 이 경우가 모든 고통의 문제를 설명해 주지는 못합니다. 그러나 확신하는 것은 대부분 우리는 고통을 통해 영적으로 성장한다는 사실입니다."

하나님이 우리에게 주시는 복은 풍요와 평안을 통해서만 오는 것이 아닙니다. 고난을 통해서도 옵니다. 주님 앞에 섰을 때 감사할 것이 무엇이겠습니까?

우리의 마지막 날에 하나님을 대면하게 되면 이 세상에서 우리에게 즐거움을 주었던 맛있는 음식이나 좋은 집 때문에 감사하지는 않을 것입니다. 오히려 죽을 고난과 말할 수 없는 비통한 처지에 있었는데 그날이 복된 날이었음을 감사할 것입니다. 십자가를 주셔서 외면하지 않고 지게 해주신 은혜를 감사할 것입니다. 그 가운데 찾아온 영적 성장으로 인해 하나님을 찬양하게 될 것을 믿습니다. 육신을 위한 것보다 영혼을 위한 것이 훨씬 귀하고 감사하기 때문입니다. 그렇지만 이 눈이 죽을 때가 되어서야 뜨이면 우리의 인생은 헛될 것입니다.

저는 인생의 경험이 짧지만 그래도 크고 작은 고난을 겪었습니다. 그런데 돌아보면 참 이상하게도 고생했던 것마다 사실은 큰 은혜요 복된 기회였습니다.

하나님께서는 때로 저를 외롭게 하셨습니다. 친구들과 지인들에게서 멀리 떠나게 하셨습니다. 편안하고 순탄한 삶에서 고통스럽고, 험한 삶으로 인도하셨습니다. 저는 그때 하나님의 섭리를 알지 못했기에 당황하고 초조했습니다. 그러나 하나님은 저를 외롭게 하신 후, 오직 하나님과 관계에서 인생을 다시 시작하게 하실 계획을 세우고 계셨습니다. 오직 주님만 바라보고 주목하게 하셨습니다. 너무 외롭고 힘들어서 매 순간 주님을 찾았고, 오직 하나님께 순종하려고 했습니다.

처음 전도사로 가난한 농촌 마을에 있는 교회에 부임했을 때 저희는 신혼이었습니다. 도시에서만 자랐던 저와 제 아내에게는 가난한 농촌 생활이 익숙하지 않아 고생이 되었습니다. 그러나 그로 인해서 아내와 깊은 영적 일치를 가져오는 큰 복을 받았습니다. 지금까지 함께 주의 일을 섬길 수 있도록 해주셨습니다.

만약 그때 그 어려운 시간을 지나지 않았다면 이런 복을 누릴 수 있었을까를 생각하게 됩니다. 이런 예는 수없이 많습니다.

주님이 고난의 길을 열어주실 때 진짜를 택할 수 있기를 바랍니다. 우리가 듣고 아는 소망이 아닌 예수님께서 마지막 숨을 거두시기 직전에 하나님을 바라보며 '내 영혼을 아버지 손에 맡깁니다.' 하고 기도하신 것처럼 우리도 죽을 때 그 기도를 할 수 있게 해달라고 기도해야 합니다.

실제로 스데반이 이 기도를 드렸습니다. 순교자 야고보, 베드로, 사도 바울도 순교의 순간에 이 기도를 드렸을 것입니다. 순교자 폴리캅 감독, 개혁자 존 후스, 마르틴 루터, 존 번

연, 손양원 목사님도 세상을 떠날 때 "아버지여 내 영혼을 아버지 손에 부탁하나이다." 이 기도를 했다고 전해집니다.

예수님께서는 십자가에서 우리에게 너무나 귀한 선물을 주셨습니다. 영혼과 영생이 있음을 보여주셨습니다. 주님은 이 땅을 떠나 승천하시면서 제자들에게도 최고의 선물을 남기셨습니다.

'세상으로 나가 복음을 전하라!'고 명령하신 주님께서 하늘로 올라가시는 광경을 보여주신 것입니다. '하나님 나라가 있다!'는 그 확신은 제자들에게는 완벽한 노후 대책이었습니다.

하지만 제자들처럼 예수님의 승천을 눈으로 본 것도 아니고, 사도 바울처럼 삼층천에 갔다 온 것도 아닌 우리가 어떻게 그런 확신을 가질 수 있겠습니까?

하나님 나라를 꼭 눈으로 봐야 아는 것이 아닙니다. 주 예수님을 바라보며, 예수님은 나의 왕이라 고백하며 사는 순간부터 하나님 나라를 살게 됩니다. 어디서나 하나님 나라를 경험하게 됩니다.

　예수님은 그저 말씀만 "고난을 당하라. 자기 십자가를 지고 나를 따르라."고 하신 것이 아니었습니다. 예수님은 제자들에게 그저 하나님이 '아버지'라고 가르치지 않으셨습니다. 이 땅에 사는 동안 아버지 하나님과 끊임없이 교제하며 전적으로 의존하는 삶을 사심으로 하나님이 아버지이심을 나타내셨습니다. 하나님을 아버지라고 믿고 부르는 사람이 어떻게 사는지를 친히 보여주셨습니다. 하나님 아버지를 바라보면 이 세상에서 더 이상 바랄 것이 없다는 것을 보여주셨습니다.

　우리에게도 막연하게 죽으면 하나님 나라에 간다고 하신 것이 아닙니다. 하나님 나라의 왕이신 예수님과 매일매일 동행하게 하심으로 십자가를 지고 주님을 따라서 갈 수 있게 해주신 것입니다. 사명의 길, 십자가의 길, 고난의 길은 억지로 갈 수 있는 길이 아닙니다. 기쁨으로 가는 길입니다. 주님을 바라보게 되니 즐거워서 주님 가시는 곳에 나도 가고, 주님 하시는 일을 나도 하게 되는 것입니다. 고난도 두렵지 않는 믿음의 십자가를 지고 주님과 동행하며 사는 것입니다.

　마지막에 영혼을 아버지께 맡길 수 있는 것이 복된 성도의 삶입니다.

설교영상 "믿음의 십자가"
youtu.be/rXnxomRcL6k

† 십자가 대면하기

1. 내가 생각했던 복 있는 삶은 어떤 삶이었나? 예수님이 말씀하시는 복 있는 삶은 내가 생각했던 삶과 어떻게 다른가?

2. 고난의 길이라고 하면 어떤 길을 생각하게 되는가? 하나님께서 나를 그런 길로 이끌었던 경험이 있는가? 그때 어떻게 반응했는가?

† 십자가 지기

1. 예수님이 내 안에 오심으로 나의 영혼도 하나님께 온전히 맡겨졌음을 믿는가? 그렇다면 그 예수님과 함께 사는 나는 이 세상에서 어떤 삶을 살아야 하는가?

2. 지금 내가 가야 할 고난의 길은 어떤 길인가? 그 길을 믿음으로 걸어갈 수 있는 이유는 무엇인가?

"다 이루었다"

승리하신
예수 그리스도

가상칠언 7

다 이루었다
(요한복음 19:30)

세계적인 첼리스트 파블로 카잘스는 파리에서 처음 J.S. 바흐가 작곡한 〈마태 수난곡〉을 듣고 십자가의 죽음을 느꼈습니다. 이 경험에 너무나 큰 충격을 받아 두 달 동안이나 몸이 아팠을 정도였습니다. 그는 이때 너무 슬퍼서 당장 숨이 끊어질 것 같았다고 고백했습니다.

저도 십자가상의 일곱 마디 말씀을 묵상하면서 파블로 카잘스의 심정을 알 것 같았습니다. 첫 말씀을 묵상하면서 십자가에 달리셨을 때 예수님의 심정을 조금이라도 감정이입을 해보고 싶었습니다. 십자가상의 주님을 묵상하다가 손목에 못이 박히는 부분에서 소스라치게 놀라 일어나고 말았습니다. 순간 상상하기 힘든 고통이 느껴졌고 한동안 진정하기 힘들 정도로 가슴이 뛰었었습니다. 그런데 이 마지막 말씀을 묵상할 때도 같은 경험을 했습니다.

예수님께서 십자가에서 하신 마지막 말씀은 "다 이루었다."입니다. 이 말씀을 묵상하는데 점점 엄청난 외침으로 들려왔습니다.

다 이루었다! 다 이루었다!!!
다 이루었다!!!!!

표현할 수 없을 정도의 천둥소리로 들렸습니다. 그러면서 제 마음에 있는 답답함과 의심, 두려움과 막막함이 다 사라지는 것을 느꼈습니다. 마음과 생각이 맑아지고 충만해졌습니다. 주님께서 마치 저를 위해 다 이루었다고 선언하시는 것 같은 깊은 은혜를 받았습니다.

그렇습니다. 영원히 용서받을 수 없는 죄인인 우리를 구원하시려고 사람의 몸으로 이 땅에 오시고 우리를 대신해 속죄 제물이 되어 보배와 같은 피를 흘리시고 십자가의 저주를 담당하셨으니, 다 이루신 것입니다. 십자가에서 주님은 우리의 죄 사함, 의로움, 거룩함, 하나님과의 화평함, 친밀함을 다 이루셨습니다. 미진하게 남은 것이 하나도 없다는 뜻입니다. 우리가 덧붙일 그 어떤 것도 없습니다. 조금도 의심할 것이 없고 누구에게나 구원의 문이 활짝 열렸습니다.

주님이 이처럼 다 이루셨다면 우리가 져야 할 십자가란 무엇입니까? 놀랍게도 이 놀라운 은혜를 믿고 '다 이루신' 주님을 매일 바라보고 사는 것입니다. 그것을 정확하게 표현한 것이 갈라디아서 2장 20절 말씀입니다.

내가 그리스도와 함께 십자가에 못 박혔나니 그런즉
이제는 내가 사는 것이 아니요 오직 내 안에 그리스도께서
사시는 것이라 이제 내가 육체 가운데 사는 것은 나를
사랑하사 나를 위하여 자기 자신을 버리신 하나님의 아들을
믿는 믿음 안에서 사는 것이라

사도 바울은 "내가 그리스도와 함께 십자가에 못 박혔다."고 했는데, 사도 바울이 언제 예수님과 함께 십자가에 못 박

했습니까? 예수님이 십자가에 못 박힐 때 사도 바울은 예수님을 알지도 못하는 사람이었습니다. 소문으로 들었을지는 모르겠습니다. 그런데 어떻게 사도 바울이 이런 고백을 할 수 있었습니까? 바울은 하나님께서 십자가에서 어떤 놀라운 일을 이루셨는지 알았던 것입니다. 로마서 6장 4절은 이 놀라운 일이 무엇인지 잘 설명해줍니다.

우리가 그의 죽으심과 합하여 세례를 받음으로
그와 함께 장사되었나니 이는 아버지의 영광으로 말미암아
그리스도를 죽은 자 가운데서 살리심과 같이
우리로 또한 새 생명 가운데서 행하게 하려 함이라

예수님께서 십자가에서 돌아가실 때 우리를 예수님과 연합하게 하셔서 우리도 예수님과 함께 죽게 하신 것입니다. 이 놀라운 사실 때문에 예수님이 못 박힌 십자가는 곧 내가 못 박힌 십자가가 되는 것입니다. 하나님이 그렇게 하셨습니다. 우리가 져야 할 십자가는 사도 바울처럼 "나는 죽었습니

다. 이제는 내가 산 것이 아니요 오직 내 안에 그리스도께서 사신 것입니다." 라고 고백하며 사는 것입니다.

이재철 목사님이 설교 중에 그 교회에서 세례를 받은 한 성도의 신앙고백문을 소개한 적이 있었습니다.

"왕국이 있었습니다. 지혜롭고 전지전능한 힘을 가진 왕이 다스리고 있었습니다. 그 왕국의 성곽을 지키는 장수 가운데 무술이 뛰어나고 지혜와 능력을 갖춘 사람이 있었습니다. 자신의 능력과 지혜에 감사할 줄 알았고, 주어진 일에 항상 성실했고 행복한 가정을 이루며 살았습니다.

어느 날 왕으로부터 부름을 받았고, 왕 앞에서 충성을 맹세한 다음, 적으로부터 왕국을 지키라는 명령을 받았습니다. 그런데 왕은 그에게 칼을 버리고 갑옷을 벗게 하였습니다. 성곽 밖으로 나가 적을 물리치되 주어진 권세를 쓰지 말 것이며, 다만 사랑으로 적을 물리치라 했습니다.

자신의 권세와 힘과 능력과 지혜로 쉽게 적을 물리칠 수 있건만, 이를 사용치 말고 단지 사랑으로 적을 승복시키라 하십니다.

저는 성령에 의지합니다. 헌신은 육체적 고통이 따르고, 사랑은 자신을 희생해야만 합니다. 그렇지만 저는 하나님의 군병으로 하나님의 명령에 승복하겠습니다."

이 간증은 정확하게 십자가를 이해하고 그 능력을 믿는 성도의 고백입니다.

주님은 우리를 위해 완전한 구원을 이루셨습니다. 우리는 어떻게 응답해야 합니까? 우리가 해야 할 응답은 "나는 죽었습니다. 이제는 예수님이 저의 생명입니다."라는 고백입니다.

'나는 죽었습니다!' 하는 고백이 비장하고 두렵고 슬픈 고백입니까? 그렇다면 아직 십자가의 주님을 만나지 못한 사람입니다. 진정으로 주님을 만나면 '나는 죽었습니다.' 하는 고백은 놀라운 환희와 감사의 노래입니다. 축복이고 복음입니다. 죽음이 아직도 두렵고 망설여지고 부담이 된다면 나는 아직도 예수님이 얼마나 좋은 분인지, 그분이 십자가에서 이루신 그 구원이 얼마나 놀라운지 모르는 것입니다.

신학대학원 제자훈련 수료식 때 한 전도사가 제자훈련을 받으면서 자기 안에 죽기 싫어하는 마음이 있음을 보았으며, 자신이 정말 죽게 되면 어떻게 하나 두려워하고 있음을 깨달았노라고 고백한 적이 있었습니다. 저도 처음에 그런 마음이었기에 그 전도사님의 간증에 공감했습니다.

이런 두려움이 생기는 것은 '죽음'이라는 단어에만 집중하고 있기 때문입니다. 우리가 주목해야 할 것은 '예수님으로 사는' 것입니다. '다 이루었다.' 하신 말씀은 주님의 생명으로 살게 되었다는 의미입니다. 얼마나 놀라운 일입니까? 왜 죽는 것만 생각하고 사는 것을 생각하지 못합니까?

사도 바울은 마지막 순간에 이렇게 고백합니다.

전제와 같이 내가 벌써 부어지고 나의 떠날 시각이 가까웠도다 나는 선한 싸움을 싸우고 나의 달려갈 길을

마치고 믿음을 지켰으니 이제 후로는 나를 위하여
의의 면류관이 예비되었으므로 주 곧 의로우신 재판장이
그 날에 내게 주실 것이며 내게만 아니라 주의 나타나심을
사모하는 모든 자에게도니라 (디모데후서 4:6-8)

이것이 '나는 죽었습니다.' 하고 고백하며 살았던 사도 바울의 마지막 선언입니다. 사도 바울이 예수님처럼 "다 이루었다." 할 수는 없었지만, 육신의 생명까지 바쳐 살았던 모든 삶이 정말 옳았다는 환희에 넘치는 승리의 노래를 불렀습니다.

"내가 그리스도와 함께 십자가에 못 박혔나니 이제는 내가 산 것이 아니요"라고 고백하며 믿음의 삶을 살았던 사도 바울의 삶은 이렇게 놀라운 삶이었습니다.

우리도 똑같이 예수님을 믿으니 사도 바울처럼 살다가 사도 바울처럼 인생의 마지막을 맞이할 수 있어야 할 것입니다. 마지막에 이제는 달려갈 길을 다 마치고 의의 면류관을 기다리고 있다는 승리의 고백으로 인생을 마칠 수 있어야 할 것입니다. 이렇게 영광 가운데 죽음을 맞이하는 것이 우

리를 향하신 하나님의 계획입니다.

그렇다면 우리는 어떻게 하면 사도 바울처럼 살 수 있을까요? 빌립보서 3장 12-14절에서 사도 바울은 이렇게 고백합니다.

내가 이미 얻었다 함도 아니요 온전히 이루었다 함도 아니라 오직 내가 그리스도 예수께 잡힌 바 된 그것을 잡으려고 달려가노라(빌립보서 3:12)

사도 바울이 '예수께 잡힌 바 된 그것을 잡으려고 달려가는' 삶을 살았기 때문에 그의 생애 마지막에 이런 고백을 할 수 있었던 것입니다.

여기서 질문이 생깁니다. "나는 죽었다."는 것이 무엇인가? 하는 것입니다. '이미 죽었다.'는 사람이 어떻게 "아직 내가 잡은 줄로 여기지 아니하고 …앞에 있는 것을 잡으려고"(13절) 라고 말할 수 있으며 "푯대를 향하여 … 부름의 상을 위하여 달려가노라"(14절) 할 수 있습니까? 죽은 사람이 어떻게 달려간다는 말입니까? 이 질문은 예수님과 함께 죽었다는 말을 정확하게 이해하지 못했기 때문에 하는 것입니다.

우리가 주님과 함께 십자가에서 죽은 것은 죄의 종노릇하던 옛사람이 죽은 것입니다. 옛사람이 죽었다는 것을 믿지 않으면 아무리 주님을 따라 살려고 해도 살지 못합니다. 계속 죄와 시험과 연단에 넘어지기만 하다가 인생을 끝마치게 됩니다. 죄의 종이기 때문입니다. 이것이 옛사람의 비참함입니다.

그런데 예수님께서 십자가에서 다 이루셨습니다. 더 이상 옛사람으로 살지 않도록 예수님께서 우리와 함께 십자가에서 죽으심으로 우리 옛사람이 십자가에 못 박혔습니다. 우리는 이제 죄에서 자유를 얻었습니다. 이제 예수님을 향해 달려갈 수 있는 자유를 얻었습니다.

죄의 종노릇하던 옛사람이 십자가에서 죽었기에 "예수께 잡힌 바 된 그것을 잡으려고 달려가노라.", "푯대를 향하여 … 부름의 상을 위하여 달려가노라."라고 말할 수 있는 것입니다.

수많은 성도가 매일 결심하고 결단하지만 결심과 결단대

로 살지 못하는 사람이 얼마나 많습니까? 우리 모두의 경험일 것입니다. 왜 그렇습니까? 자신이 십자가에서 죽었음을 믿지 못하고 받아들이지 못하기 때문입니다. 옛사람이 정말 십자가에 못 박혔다는 은혜 가운데 살지 못하기 때문입니다. 그래서 계속 옛사람으로 살아가는 것입니다.

하나님은 우리에게 우리 힘으로 선하게 살라고 말씀하지 않으셨습니다. 하나님께서 우리에게 요구하시는 것은 단 하나, 우리가 예수님 안에서 죽었음을 믿으라는 것입니다. 그 때부터 예수님의 생명으로 사는 역사가 일어납니다. 예수님을 믿어도 삶의 열매가 완전히 다른 이유는 오직 하나 예수님과 연합하여 옛사람이 죽고 새 생명으로 산다는 것을 믿는 믿음의 차이 때문입니다.

1946년에 전미복음주의협회(the National Association of Evangelicals)에서는 〈최근 5년 동안 하나님이 쓰신 가장 위대한 전도자가 누구인가?〉 하는 글을 발간했는데, 제1순위로 꼽은 사람이 찰스 템플턴(Charles Templeton)이라는 젊은 설교자였습니다.

어떤 신학교 총장은 템플턴을 "오늘날 미국에서 설교에 있어 가장 재능이 뛰어난 젊은이"라고 추켜세웠습니다.

많은 사람이 템플턴이 언젠가 디 엘 무디(D. L. Moody)나 빌리 선데이(Billy Sunday)와 같이 위대한 복음전도자가 될 것으로 믿었습니다. 그러나 템플턴은 나중에 학문적인 교만에 빠져 불가지론자(agnostic)가 되고 말았습니다. 그가 세상을 떠나기 바로 전 해에 쓴 책이 *Farewell to God*(하나님이여 안녕)이었습니다.

초창기 찰스 템플턴과 함께 설교 동역자로 일했던 젊은 이가 한 사람 있었는데, 1946년의 글에는 이름조차 언급되지 않았습니다. 그가 바로 빌리 그레이엄(William Franklin Graham)이었습니다.

어떻게 이런 일이 일어납니까? 사람의 재능은 그 사람의 미래를 보장해 주지 못합니다. 그 사람이 정말 예수님과 죽고 예수님의 생명으로 사느냐에 모든 것이 달려있습니다. 주님께서 십자가에서 이룬 일은 너무나 위대하지만 그것이 저절로 우리의 생애에 이루어지는 것은 아닙니다. 자신의 상태와는 상관없이, 믿음으로 이 놀라운 복음을 붙드는 사람만이 이 위대함을 누릴 수 있습니다. 그렇기 때문에 자기 자신에게 좌절한 사람, 실망한 사람, 소망을 갖지 못하는 사람에게 이 십자가의 은혜가 필요합니다. 주님은 우리 안에서 새 생명으로 사는 역사를 십자가에서 이루셨습니다.

많은 사람이 주님이 "다 이루었다." 하신 선언에 크게 감동하지 않습니다. 그 이유는 자신에게 달라진 것이 없어서입니다. 여전히 하나님의 약속이 다 이루어지지 않았다고 느껴지기 때문입니다. 세상을 보아도 그렇고, 예수님을 믿는 자기 자신을 보아도 그렇게 느끼는 것입니다.

왜 예수님은 십자가에서 피 흘리시고 저주를 담당하시고 모든 것을 이루셨는데 우리는 이 모양입니까? 예수님께서 이루신 것에 부족함이 있습니까? 아닙니다. 우리가 주님께 드리는 응답에 문제가 있습니다. 여전히 복음을 거절하고 부인하고 방황하는 사람들이 있습니다. 여전히 행복하지 않고, 진정으로 삶의 기쁨을 누리지 못하고, 구원받고 거듭남의 삶을 살지 못하는 성도들도 많습니다.

나는 죽고 예수로 사는 삶에 대해 전하고 나면 어떤 성도는 여전히 "나는 안 죽은 것 같아요."라고 대답합니다. 어떤 사람은 예수님만 바라보고 살 수는 없다고 합니다. 거룩하게 사는 것도 힘들고, 제자로 사는 것도 힘들고, 교인으로 사는 것도 힘들다고 말합니다. 예수동행일기 쓰는 것도 힘들고 지쳤다고 말합니다. 우리가 이런 태도를 가진다면 십자가의 능력이 아무리 위대해도 장식품에 불과하게 됩니다.

우리가 정말 하나님의 말씀을 믿고 주 예수님을 영접하였다면 우리의 믿음과 태도와 말을 바꾸어야 합니다. 우리는 십자가에서 주님과 연합해 죽었고, 부활의 주님이 우리 안에 오셔서 우리의 생명이 되었고 우리의 주님이요, 왕이 되셨음을 믿어야 합니다. 주님께서 다 이루셨습니다. 우리는 주님께 "나도 주님과 함께 십자가에서 죽었습니다." 하고 응답하기만 하면 됩니다. 그리고 자기 십자가를 지고 주님을 따라

가면 됩니다.

주님께서 십자가에서 다 이루셨기에 마귀가 더 이상 육신과 죄로 우리를 지배하지 못하게 되었습니다. 하지만 우리는 여전히 죄와 싸우며 주님과 동행하며 살아야 합니다. 우리가 더 이상 죄의 지배를 받지는 않지만 우리 안에 여전히 "하나님을 부정하고 죄를 향하는 경향"(inclination in contradiction to God)이 있습니다. 그러므로 "선 줄로 생각하는 자는 넘어질까 조심하라."(고린도전서 10:12)는 말씀을 명심하고 살아야 합니다.

죄를 이기고 주님과 온전히 연합하게 되었다는 확신을 갖지 못하는 '소심증'에 빠지지 말아야 합니다. 많은 그리스도인이 복음을 붙들기보다는 옛사람의 흔적을 붙들고 낙심하고 좌절하는 '소심증'에 빠져 있습니다. 죄와 싸워 넘어질 때, 우리가 기억해야 하는 것은 구원을 이루신 예수 그리스도입니다. 예수님은 의로움도 이루셨고, 거룩함도 다 이루셨고 우리를 영화롭게 하셨으며, 당신과 친밀히 동행하게 하셨습니다. 십자가에서 이 모든 것이 다 이루어졌습니다. 그렇기에 우리가 할 일은 찬양하고 감사하며 믿음의 확신을 갖는 것입니다. "주님께서 다 이루셨으니 나에게도 다 이루실 것을 믿습니다." 해야 합니다.

나는 죽고 예수로 사는 은혜를 받았는데 여전히 죽지 않는 자아로 사는 것은 정말 안타까운 일입니다.

"주님, 이제 내가 죽었습니다. 가정에서도, 직장에서도, 교회에서도 나는 죽었습니다. 이제 예수로 살기를 원합니다. 다 이루신 주님께서 나를 통해 역사하소서!" 이 얼마나 황홀한 고백입니까!

어느 해, 미국에서 예수동행일기 세미나를 마치고 세미나에 참석하셨던 한 사모님이 쓰신 예수동행일기 중 일부를 아내가 저에게 읽어 주었습니다.

"마지막 세미나가 끝난 후 주님께 기도할 때, 오래 고민해 오던 옛 습관에서 놓였음을 깨달았습니다. 그 순간 어제가 광복절임이 기억났습니다. 오늘이 옛것에서 놓여난 나의 독립기념일인 것 같아서 만세를 마음속으로 몇 번이고 외쳤습니다. '우리 주님 만세!'"

그 사모님의 일기를 듣는데, 제 안에서도 '만세!' 하고 소리칠 듯이 좋았습니다.

우리나라가 일제의 압제에서 벗어났던 8.15 광복 때 우리 민족이 얼마나 기뻐했겠습니까? 전해지기는 너무 기뻐 용변을 보다가 똥통에 빠지고도 만세를 불렀을 정도로 모두가 기뻐했다고 합니다.

나는 죽고 예수로 사는 것은 그것과는 비교도 안 되는 기쁨입니다. 옛사람으로 살던 나는 죽고 예수님의 부활의 생명으로 사는 자가 되었으니 만세를 외쳐야 할 일이 아닐 수 없습니다.

경북 점촌에 가면 '신망애육원'이란 고아원이 있습니다. 원장이셨던 황용석 장로님이 저의 작은 외할아버님이신데, 1954년 전쟁고아 10여 명을 거두어 돌보는 것을 시작으로 500여 명의 고아를 돌보고, 사회에 진출시킨 문경 고아의 아버지로 불리시는 분입니다.

장로님께서 돌아가셨을 때, 장례식은 전국 각지에서 보내온 화환으로 뒤덮였습니다. 신망애육원에서 마련된 빈소에 들어가는데 장례식장에는 어울리지 않는 글이 적혀 있는 플래카드를 보았습니다.

"오늘은 틀림없이 좋은 날이다."라고 적혀있었습니다.

이 글은 장로님의 평생의 믿음을 표현한 고백이었습니다. 전쟁 후 고아원에 사는 아이들에게 날마다 무슨 좋은 일이 있었겠습니까? 그러나 황용석 장로님께서는 수없이 많은 어려움 중에도 예수 그리스도 안에서 일어나는 삶의 기적을 믿으셨습니다. 그리고 고아들에게 매일 그 믿음을 가르쳤습니다.

이런 고백은 예수님이 다 이루셨음을 확신하는 믿음에서만 가능합니다.

이것이 주님의 십자가에 대한 우리의 반응이고 믿음이어야 합니다. 예수님이 십자가를 지셨다면 우리도 자기 십자가를 지고 주님을 따라가야 합니다. 주님이 다 이루셨으니 주님이 나의 생명이시고 왕이시고 주님이십니다. 이제 나는 죽고 예수로 살 것을 결단해야 합니다.

'나는 죽고 예수로 사는' 것은 노력으로 이루어지지 않습니다. 주님과 친밀해야 한다거나 거룩한 사람이 되어야 한다는 것은 부담감으로 해결될 수 있는 일이 아닙니다. 그것은 우리를 예수님의 완전한 승리에서 떠나 인간적인 열심과 노력으로 되돌아가게 합니다.

예수님이 다 이루셨습니다. 우리는 그것을 믿기만 하면 됩니다. 우리가 정말 믿으면 주님께서 누리게 해주실 것입니다. 우리가 할 일은 "주님이 다 이루셨다. 예수님과 내가 하나가 되었다. 나는 죽고 예수로 사는 자가 되었다. 예수님이 내 생명이다."라고 매 순간 고백하는 것입니다.

실제로 많은 그리스도인이 예수 그리스도가 우리를 의롭다 하신 분이고 또 거룩하게 하신 분이라고 고백합니다. 그러나 '의롭게 하셨다.'고 말할 때 느끼는 강렬한 확신과 기쁨을 '거룩하게 하셨다.'고 말할 때에는 동일하게 느끼지 못합니다. 의롭다 하셨다고 고백할 때는 확신에 거하지만 거룩하게 하셨다고 고백할 때는 좌절과 의심이 가득합니다. 이것은 체험의 문제가 아니라 믿음의 문제입니다. 우리를 구원하신 분도 주님이고 거룩하게 하신 분도 주님이고 온전하게 하신 분도 주님이십니다. 이미 이루셨고 또 이루실 것입니다. 데살로니가전서의 말씀이 이것을 확신하게 해줍니다.

> 평강의 하나님이 친히 너희를 온전히 거룩하게 하시고
> 또 너희의 온 영과 혼과 몸이 우리 주 예수 그리스도께서
> 강림하실 때에 흠 없게 보전되기를 원하노라
> 너희를 부르시는 이는 미쁘시니 그가 또한 이루시리라
>
> (데살로니가전서 5:23-24)

출근길에 목줄이 풀린 사나운 개에게 물렸다고 합시다. 그런데 그 다음날도 그 다음날도 그 개에게 물린다면 더 이상 개가 문제가 아니라 이 사람에게 문제가 있다고 할 것입니다. 문제는 무엇입니까? 같은 길로 계속 가고 있는 것입니

다. 다른 길로 가야 하지 않겠습니까?

우리가 이렇게 인생을 살고 있습니다. 열심히 살아보지만 매순간 상처받고 갈등하고 스트레스 가득한 삶을 살아갑니다. 이제는 길을 바꾸어야 하지 않겠습니까?

"내가 길이요 진리요 생명이라"

주님이 길이십니다. 이젠 주님의 길로 가야 하지 않겠습니까? 죄의 종노릇하는 옛사람의 성질대로, 혈기대로, 생각대로, 살지 않기를 바랍니다. "주님이 내 인생의 길을 바꾸어 주십시오.", "주님이 '다 이루었다' 하신 길을 가겠습니다.", "나는 죽었습니다. 예수님이 내 생명이십니다."라고 매일 고백하고 결단하기를 바랍니다.

이제 그 길을 가시겠습니까? 인생이 바뀌지는 역사가 일어날 것입니다.

오늘 우리는 예수님의 십자가를 구경하러 온 것이 아닙니다. 예수님의 장례식에 온 것도 아닙니다. 우리 자신이 십자가에 못 박혔음을 확인하는 날입니다. 비로소 그때 십자가의 능력이 우리 삶에 나타나는 기적을 경험하게 될 것입니다.

골로새서 1장 24절에 보면 사도 바울은 "나는 이제 너희를 위하여 받는 괴로움을 기뻐하고 그리스도의 남은 고난을 그의 몸 된 교회를 위하여 내 육체에 채우노라"고 했습니다. 바울의 심정은 "주님의 남은 고난을 다 채우고 싶다."는 것입니다. 그 말은 주님이 가시는 그 길을 본인도 가겠다는 것입니다. 언제까지나 주님과 동행하겠다는 것입니다.

주님이 십자가에서 다 이루셨으니 나는 죽고 예수로 살면 되는 것입니다. 우리에게 이것보다 더 확실한 성공, 보장된 승리는 없습니다. 더 이상 삶의 목표가 부자 되는 것, 성공하는 것이 되어서는 안 됩니다. 오직 예수님으로 사는 것이 목표가 되어야 합니다. 이렇게 살면 부자가 되어도 성공을 해도 넘어지지 않습니다.

사도 바울은 "나를 더 이상 괴롭히지 마시오. 내 몸에는 이미 주님의 흔적이 있습니다."라고 했습니다. 그것은 나는 죽고 예수로 사는 사람이면 누구에게나 있는 것입니다. 이제는 옛사람을 붙잡고 살지 말고, 넓고 평탄한 길만 찾지 말고, 돈 없다고 울지 말고, 기쁨으로 자기 십자가를 지고 주님을 따라가야 합니다.

설교영상 "승리의 십자가"
youtu.be/EYcwpZauW04

† 십자가 대면하기

1. 십자가에서 예수님이 죽은 것을 믿듯이 나도 죽은 것이 믿어지는가?

2. 매순간 나는 죽고 예수님이 사신다고 고백하며 사는가? 그것이 안 된다면 이유는 무엇인가?

† 십자가 지기

1. 그동안 하나님의 뜻대로 살기 위해 나의 노력과 열심을 다했으나 실패하고 좌절했다면, 어떻게 해야 그 문제를 해결할 수 있을까?

2. '다 이루었다'고 선언하신 예수님을 믿고 '나는 죽고 예수로 사는' 사람은 삶의 현장에서 어떤 삶을 살아야 할까?